国家自然科学基金重大项目"企业运营与服务创新管理理论及应用研究"（项目编号：71991460）

中国博士后基金项目"新零售服务质量稳态的复杂性及动态演化机制研究"（项目编号：2017M611104）

新零售服务供应链的
质量稳态及其协同演化

THE QUALITY STEADY STATE AND
ITS COEVOLUTION MECHANISM OF
NEW RETAIL SERVICE SUPPLY CHAIN

李坚飞　夏杰长◎著

经济管理出版社
ECONOMY & MANAGEMENT PUBLISHING HOUSE

图书在版编目（CIP）数据

新零售服务供应链的质量稳态及其协同演化/李坚飞，夏杰长著 . —北京：经济管理出版社，2024.3
ISBN 978-7-5096-9472-5

Ⅰ.①新…　Ⅱ.①李…②夏…　Ⅲ.①零售业—供应链管理—研究　Ⅳ.①F713.32

中国国家版本馆 CIP 数据核字（2023）第 223296 号

责任编辑：申桂萍
助理编辑：张　艺
责任印制：许　艳
责任校对：陈　颖

出版发行：经济管理出版社
　　　　　（北京市海淀区北蜂窝 8 号中雅大厦 A 座 11 层　100038）
网　　　址：www.E-mp.com.cn
电　　　话：（010）51915602
印　　　刷：唐山昊达印刷有限公司
经　　　销：新华书店
开　　　本：720mm×1000mm/16
印　　　张：11.5
字　　　数：224 千字
版　　　次：2024 年 3 月第 1 版　　2024 年 3 月第 1 次印刷
书　　　号：ISBN 978-7-5096-9472-5
定　　　价：78.00 元

序　言

随着消费结构和产业技术不断升级，寻求质量稳态成了新零售服务供应链战略决策的新框架。本书将融合新零售与服务供应链的发展特征，以"新零售服务供应链"为研究对象，从复杂系统与耗散结构理论视角分析新零售服务供应链质量系统的耗散结构和质量熵变特征；运用演化博弈方法分别从静态和动态层面分析新零售服务供应链质量稳态的微观最优质量行为和宏观演化现象；并结合系统动力学模型，对质量稳态的协同演化过程进行仿真；最后，提出"双升"驱动下新零售服务供应链质量稳态的可持续机制。本书试图依托复杂性科学思想，运用跨学科和非线性方法，从多源多层的动态分析视角探寻复杂环境下新零售服务供应链质量稳态的协同演化机理和可持续发展机制，在理论上丰富新零售及服务供应链的内涵，在实践上为解决如何构建可持续发展的新零售服务供应链等问题提供科学依据和应用模式。通过研究得到以下结论：

第一，质量稳态的演化是质量系统熵减与熵增的转化过程，熵减实质上是自组织过程的状态表现，而熵减又与熵增互为条件、相互依赖，新零售服务供应链质量失稳正是系统熵增与熵减交互作用的结果。

第二，新零售服务供应链质量系统通过由 FSS、NRSI 和 RSC 组成的线上线下与现代物流深度融合的服务有效供给，实现其系统经济性和满足顾客的消费需求。在 RSSC 不同的边际利润影响下，FSS 和 RSI 两者服务质量改进行为的投入产出效率预期在很大程度上影响了各自的行为导向与效果，也同时影响着整体链条市场需求和收益的变化；在新零售服务供应链参与成员间的合作中，参与成员 FSS 和 RSI 双方服务质量改进行为效率的协调提升，是保证 RSSC 长期利润获取的前提条件；而且只有当零售服务集成商的服务质量改进行为效率高于功能服务提供商的服务质量行为效率时，才能更好地提升零售服务供应链的整体收益。

第三，零售服务供应链的质量演化过程是一个稳态趋同的过程，在其协同演化中存在质量稳态分布，其中不同投入水平对质量状态的稳定水平有着显著的正向影响；且质量稳态在零售服务供应链协同演化中起到了至关重要的作用，其不仅是零售服务供应链协同的约束条件，还在整体优化中扮演了"搭桥"协同的角色，在"质量桥"搭好后，即服务质量达到某种稳态分布时，整个链条的运作效率和收益水平会呈现出"爆发式"增长的态势。

如同潺潺的流水，时间虽无声无形，却同样遵循着自己的轨迹，以无可阻挡的趋势奔驰而去。紧跟学术前沿和业界实践的新议题，是我们对自己的要求。近些年，新服务、新零售服务供应链的研究一直是学术界和业界特别关注的话题，我们在紧张的科研和教学工作中，一直关注和跟踪这些新议题。呈现给读者的这本书，就是我们这几年对这个领域研究的心得。

感谢中国社会科学院李勇坚研究员、湖南工商大学黄福华教授和美国北卡大学宋彦教授，他们的才华与学识让我们敬仰与钦佩，对本书的中肯意见更是为我们提供了很大的帮助！

本书由李坚飞教授和夏杰长研究员合作完成。李坚飞完成了第一、第二、第五、第六、第七、第八、第九、第十、第十一章；夏杰长完成了第四章；李坚飞和夏杰长合作完成了第三章。对于这个议题的研究，我们的认知只是初步的，有许多问题仍然有待深入系统研究，敬请业界专家和读者多提宝贵意见，帮助我们不断完善研究工作。

李坚飞　夏杰长

2022 年 11 月 16 日

目　录

第一章　绪论

第一节　研究背景与意义

一、研究背景

当前，我国经济正由高速发展阶段向高质量发展阶段转型，人民生活水平逐步提升，消费水平和消费质量提升促进了消费结构不断优化，不断地从低层次向高层次升级；同时，互联网信息技术的广泛应用，加快了产业技术结构体系的更新换代，以大数据、物联网、人工智能为基础的新兴技术推动了产业结构优化升级。在消费结构和产业技术"双升"驱动下，传统零售与电商零售都进入了困境期和瓶颈期，"新零售之轮"开启周期转动，以互联网、物联网、人工智能、大数据等领先技术为引擎，面向线上线下全客群提供全渠道、全品类、全时段、全体验的新型零售模式应运而生，各界将其称为"新零售"。"新零售"受到各界的关注，以阿里巴巴、苏宁、京东为代表的业界实践者先后提出了"新零售""智慧零售"和"无界零售"等零售升级模式，形成了诸如盒马鲜生、超级物种、猩便利等新兴零售业态和品牌。同时，越来越多的学者开始关注以"新零售"为代名词的中国零售业升级转型领域的研究，在服务概念、服务模式、服务内容等方面进行了研究。随着研究的日益深入，学者们发现，"新零售"不仅是一场零售商业模式的服务创新，更是对以零售服务为主导供应链的重构，是在消费与技术升级驱动下，以满足顾客价值为主导，通过运用大数据、人工智能等技术手段，对商品的生产、流通与销售过程进行升级改造，并对线上服务、线下体验以及现代物流进行深度融合，创造增值服务，向客户提供及时、高质、高效的精准服务，从而构建以零售服务集成商为核心，以功能服务提供商为支撑的零售实体和信息流通的服务供应网络系统，即"新零售服务供应链"。

新零售服务供应链能有效提升供应链的服务效率与质量，促进产业组织方式、商业模式和政府治理方式创新，为国民经济提供新动能和新的增长点。但随着消费结构和技术结构不断升级，新零售的技术边界和经济效用曲线发生了巨大的变化，新零售服务体系受到了外部市场的巨大挑战，主要表现在：

第一，在消费结构升级驱动下，寻求"质量稳态"成为新零售服务供应链合作决策的新框架。市场消费结构的不断升级打破了以"利益均分"和"地位公平"为逻辑的合作决策框架，服务质量的有效供给和持续提升成为企业满足消费需求、获得竞争优势的主要手段，寻求"质量稳态"成了新零售服务供应链参与成员合作决策和协同发展的新框架。所谓质量稳态，即质量稳定性，其所表现为各方通过不断调适与改进从而达到一个质量供给的收敛和均衡状态。2016年，盒马鲜生异军突起，以提升消费体验和服务质量为核心内容，利用大数据、互联网等领域的集成优势，深度挖掘消费需求，充分整合供应链上下游资源，促进了服务供应链的高效协同，实现人、货、场三者间的最优化匹配，赢得了市场，成了中国新零售的标杆。在现代复杂多变的零售市场竞争中，服务质量是决胜竞争的"天平"，供应链单方面的资源优势难以支撑供应链的整体能力，唯有实现参与方的质量协同与集成，以形成稳定的质量供给能力才是赢得供应链竞争的关键。由此看来，"质量稳态"不仅是新零售服务供应链构建的主导逻辑，更是决定其持续发展的"平衡木"。

第二，在产业技术升级驱动下，"质量涨落"制约了新零售服务供应链的持续稳定发展。产业技术不断升级，加快了新技术在新零售行业中的应用，促使"新零售之轮"转动加速，技术效率曲线产生变化；在提升了服务供给效率的同时，"质量涨落"和"非线性增长"成为新零售服务体系中的常态，原有的服务"质量稳态"和市场竞争格局将被打破，服务创新、新"质量稳态"成为新零售竞争追逐的主要方式。同时，技术升级加速导致了质量经济性下降，需要新零售服务集成商用微观和宏观、静态和动态融合视角加以审视，科学把握"新零售之轮"发展规律，制定服务质量集成战略，构建基于"质量稳态"的协同改进机制，实现新零售服务供应链的可持续发展。

由此可见，在消费结构和产业技术"双升"驱动下，"质量稳态"和"质量涨落"并存；加之产业技术升级推动了消费结构的不断升级，消费结构升级又反哺着产业技术升级，市场通过"无形的手"督促着功能服务提供商通过不断采用产业技术升级的新成果满足消费结构升级的新需求。在此情境下，功能服务提供商、新零售服务集成商和消费者三方的"标准—行为—感知"动态博弈不可避免，三者相互交织、相互作用，构成了一个以服务质量为"熵"的复杂耗散结构。因此，如何从整体上分析"双升"驱动下新零售服务供应链质量改进系统的基本构成、稳态模型、演化机理和协同机制，把握内在发展规律，促进其可持续发展，自然成为新零售实践探索和理论研究中亟待解决的一个重要问题。

二、研究意义

上述实践需求和理论价值凝练成一个亟待解决的科学问题：消费—技术"双升"驱动下如何构建新零售服务供应链质量协同改进的稳态机制，以实现服务质量的可持续提升。因此，本书以耗散结构为理论视角，分析"双升"驱动下新零售服务供应链质量协同改进的系统结构和熵变特征；以博弈理论为研究内核，从静态和动态层面分析新零售服务供应链质量协同改进的微观最优质量行为和宏观稳态演化策略；以系统动力为仿真模型，探究"双升"驱动下新零售服务供应链质量协同改进的可持续提升机制。

（1）理论意义。将"质量稳态"视为新零售服务供应链可持续发展的关键指标，以消费结构升级和产业技术升级为研究情境，结合耗散结构、博弈论和系统动力等多种理论，探讨"双升"驱动下新零售服务供应链质量稳态的熵变结构以及协同演进规律，揭示新零售服务供应链质量的可持续提升机制，具有重要的理论意义，为丰富零售管理与创新、新零售以及服务供应链等理论研究提供了新视角。

（2）实践意义。本书基于新零售实践，综合应用多种理论和方法，系统审视"双升"驱动下新零售服务供应链质量协同改进的稳态策略、可持续提升路径和机制，在宏观上为新零售服务供应链核心企业制定适应复杂动态环境的科学服务蓝图和发展战略提供理论支撑和实践参考；同时在微观层面为新零售服务供应链各参与成员制定质量策略，更好地监测、提升服务质量提供科学依据和行动指南。

第二节　国内外研究现状

一、新零售服务质量相关研究

20世纪80年代，随着格罗鲁斯服务感知质量理论的提出，国外学者将服务质量引入零售领域并作为重点予以研究，围绕服务质量感知测评、服务质量复杂属性以及服务质量动态等领域展开，先后对传统零售、线上零售、全渠道零售和新零售等零售业态的服务质量进行了研究，形成了较为系统的研究成果。

（1）传统零售服务质量方面的研究。早期大部分学者从测量模型和影响因素等方面对传统零售服务质量特性及其结构要素进行了探讨与研究，试图通过准确的要素界定和科学的测评体系提出并制定标准化零售企业服务模式，以有效管理与控制服务过程的复杂性，保证服务质量的稳定性。Parasuraman 等（1991）、Cronin 和 Taylor（1994）学者先后开发了 SERVQUAL、SERVPERF、Non-Difference 等量表对零售行业的服务质量进行了分析。随着研究的逐渐深入，学者们对复杂环境下零售服务质量测量模型的构建与优化以及零售业服务质量的复杂性特征及其动态性进行了研究。首先，在零售服务质量测量模型的构建与优化方面，Dabholkar 等（1995）以美国零售业为研究对象，提出了适合传统零售业服务质量测量的 RSQS 模型；Ferreira 等（2014）基于认知地图与测量吸引力采用分类评价技术建立零售企业服务质量综合评价系统；白长虹和廖伟（2001）提出了"整体服务质量模型"；汪旭晖和张其林（2015）基于 RSQS 改进提出了适合中国情境的零售服务质量测量模型。其次，在零售业服务质量的复杂性及其动态性方面，Rust 等（1995）、Gronroos（1990）从零售服务本身所具有的不稳定性，生产和消费的不可分离性、异质性、无形性和不可储存性等属性特征中去阐述服务质量的影响要素维度及结构；Boulding 等（1993）则把顾客期望分为 Should 和 Will 两个层面，认为两个层面在消费过程中不断转换，进而影响服务质量感知；Chen 等（2010）发现零售服务质量特有属性的形成是一个模糊逻辑过程，具有复杂性系统特征；Badinelli（2000）、Sawyer 等（2005）认为零售服务的开放性、多层代理性、价值共同创造以及动态即时性等特征决定了其服务过程及质量的复杂性。

（2）线上（网购/电子商务）零售服务质量方面的研究。近年来，随着电子商务广泛普及，国内外学者对线上零售服务质量的研究逐步深入，从线上零售服务质量的概念出发，对线上零售服务质量影响因素和线上零售服务质量测量模型等方面展开了研究。Zeithaml 等（2002）将在线服务质量定义为通过网页等电子平台向客户提供购物或产品交付的有效和方便程度。学者们对线上零售服务质量的影响因素进行了分析，认为其主要受到了网站设计（Cheng，2011）、隐私安全（Kalia et al.，2017）、信息质量（Sivapalan and Jebarajakirthy，2017）等因素的影响；并基于此，开发了多种不同的线上零售服务质量测量量表与模型，如 E-S-QUAL（Parasuraman et al.，2005）、eTransQual（Bauer et al.，2006）、eTailQ（Wolfinbarger and Gilly，2003）等。

（3）全渠道零售服务质量相关研究。随着互联网技术的发展，越来越多的传统零售企业开始改变其单一渠道的服务模式，尝试向线上线下零售融合的全渠道零售模式发展。全渠道时代，全渠道零售服务质量开始得到重视，学者们对全渠道零售服务质量测量量表及维度划分方面进行了研究。

何雪萍（2016）基于以往相关研究成果并结合质性研究和实证研究方法，构建出一个全渠道零售服务质量测量量表，包括七个维度：店面外貌、员工互动、功效性、美观设计、安全性、整合性、物流满足。结果表明，所有的维度对消费者的满意度和忠诚度都有着显著的积极影响，其中整合性这一维度的影响最大。Herhausen 等（2015）采用三组实验的方式进行研究，整合线下的渠道接口和信息进入在线渠道，即线上线下整合。使用技术采纳研究和扩散理论来概念化线上线下渠道整合对网络商店的感知服务质量和感知风险影响的理论模型。Zhang 等（2015）提出了中国电子商务背景下零售企业线上线下全渠道融合的服务质量测量的概念模型，认为在中国文化和中国人格具有高不确定性规避的背景下，电子零售企业应该更加注重过程质量和服务保证。

（4）新零售服务质量相关研究。自 2016 年以来，学者们对"新零售"展开了广泛的讨论与思考，在新零售时代下，传统零售行业如何调整自身角色，变革现有模式，将线上线下进行深度融合，继而提升服务质量，以及"新零售"能否补平电商短板、走出"电商瓶颈"等问题开始得到了关注。丁俊发（2017）提出新零售时代的到来既有传统电商的大力推动，也是新的消费需求促使供应端升级导致。随后他分析了新零售时代到来的必然性，介绍了当前主流电商的布局，探讨了未来电商在新零售领域的发展方向以及需要注意的问题。但就目前来看，新零售服务质量的相关研究还较为零散，主要集中在具体行业的研究中，结合当前物流业发展中存在的问题以及新零售发展过程中的商业特征和发展要求，学者们对新零售时代下物流行业的未来发展进行了分析。庞彪等（2018）提出在线上线下深度融合的新零售时代，物流行业也将发生深刻的变革，随后他以新零售为出发点，阐述在其驱动下的物流变革，同时以提升用户体验、节约运营成本为切入点，提出新零售模式下提高物流服务质量的对策。申潇潇（2017）对新零售时代下物流行业的未来发展进行了分析，提出了新零售的核心在于提升用户体验，只有专注于用户体验和服务质量的提升才是物流行业较为贴合实际且有效的发展路径。

从上述零售服务质量领域的研究来看，现有研究文献的研究思路主要集中在不同零售业态服务质量差异性维度结构、影响因素及其所构成的测量体系等方面，更多研究侧重于静态、微观的分析视角。但随着消费需求的升级，新兴零售业态不断衍生，其服务质量的系统结构、影响因素是在动态变化的，而当前对内外复杂环境引致零售服务质量动态演化和多主体协同改进机制的研究相对较为薄弱。

二、服务供应链优化及质量协调研究

服务业的迅速发展打破了服务业与制造业的产业边界。制造企业的供应链冲破了制造业的边界，向服务业延伸。由此，也催生了学术界对供应链的好奇心和研究热情。2000 年以来，一些学者已无法满足供应链理论在制造业取得的卓越成效，开始将其延伸到服务业中，为供应链研究打开了新的视角——服务供应链。国内外关于服务供应链的研究起步于 21 世纪初，目前相关文献大多集中在服务供应链的构建、协调优化以及供应链服务质量等方面。

（1）服务供应链构建方面的研究。主要集中在服务供应链的概念与内容、服务供应链的影响机制和管理模型等方面。Edward 等（2000）最早从信息共享的视角阐述了服务供应链的概念与内涵，他提出服务是不能库存的，只能通过能力协调来管理订单堆积。随后，许多学者开始对服务业中的供应链管理问题进行阐述与分析，从不同行业、不同视角展开了研究。Cook 等（2001）对服务业中的供应链管理问题进行了探讨，提出运用供应链管理的思想能有效提高服务的综合绩效；Scott 和 Sampson（2000）从消费者的二元属性视角对服务组织中的供应链管理进行了研究，认为在制造企业中供应链是很好被定义的，服务中的顾客具有"两元性"，本身是顾客又是供应商。这种两元性暗含了服务供应链是双向的，生产流也是双向的。Scott 和 Sampson（2000）对这种两元性适用于供应链管理进行了探讨，提出了在实践和管理中的意义。随着研究的深入，学者们将研究方向逐渐转到服务供应链的影响机制和管理模型上，如何构建高效的服务供应链成为研究的重点。Liu 等（2013）考虑了物流服务供应链中成员合作多周期的特点，分别针对两级和三级服务供应链建立了协调模型，在服务集成商质量监督失误会受惩罚的情况下分析了次级服务集成商和终极服务集成商的决策问题；Bai 和 Zhang（2010）针对由物流服务集成商和专业物流服务提供商所构成的服务供应链，研究了质量竞争条件下的质量协调模型。国内学者金立印（2006）以来自中国民航服务业的数据构建了服务供应链管理活动同顾客满意及企业绩效间的结构方程模型，并对模型进行了验证。

（2）服务供应链协调优化方面的研究。随着服务供应链问题研究的日益深入，学者们逐渐对其应用与管理问题进行了研究，主要关注如何优化和协调服务供应链的问题。Demirkan 和 Cheng（2008）从服务供应链的角度定量研究了软件外包服务中应用基础设施提供商与应用服务提供商之间的协调机制；Guo 和 Chen（2013）采用线性补偿价格契约实现了软件服务供应链的协调，且证明了当补偿价格随着销售量变化而变化时，服务供应链的协调效率会有所上升；白世贞和张琳（2010）对物流行业的供应链协调进行了研究，提出了物流服务供应链协调下的质量监督问题，发现服务集成商的惩罚力度越大，服务水平就越高，服务企业间的合作周期越长，其惩罚力度就越小；在此基础上，Marcel 等（2012）研究了固定惩罚及单位服务惩罚两种契约下服务供应链的协调问题，并分析了不同契约下契约参数的选择问题。随后，一系列学者分别从双渠道供应链［如李新明等（2011）］以及服务供需与服务关系［如秦星红等（2014）］等方面进行了研究，研究成果颇丰。

（3）服务供应链质量相关研究。随着零售理论、服务管理与服务质量理论的发展，学者们开始将研究目光转向服务供应链的服务质量上。不过目前，服务供应链中对质量管理的探讨刚刚开始，涉猎方向逐渐增多，如产品供应链服务质量、服务供应链服务质量、供应链质量风险等方面。在产品供应链服务质量方面，Reyniers 等（1995）研究发现，在供应商质量选择环节、制造商审查产品环节和生产产品的质量上都受到售后服务过程中保证成本等契约因素的影响，指出供应链契约在服务质量监管中的作用。在服务供应链服务质量的研究上，Nitin 等（2006）阐明了服务质量在供应链活动中不可忽视的意义，借助 GAP 方法构建出定性模型来评估服务质量；国内学者杨树和杜少甫（2009）分析了两层的旅游服务供应链中旅行社的服务质量决策问题。随着研究的进一步深入，服务供应链的质量协调问题开始得到了关注。刘伟华和季建华（2007）构建了基于质量博弈的物流服务供应链模型，得出能促进双层合作的质量协调策略。塞洁等（2016）在物流服务提供商和集成商的供应链结构模型的基础上，考虑引进跨境电子商务下提供商通关能力这一关键因素及客户对集成商惩罚等参数对供应链质量协调的影响，建立了对称信息下纳什均衡模型；洪江涛和黄沛（2011）应用微分博弈的方法研究了由单一制造商和单一供应商组成的两级供应链上的质量控制的协调问题；随后，肖迪和潘可文（2012）对由单个供应商和单个零售商构成的供应链进行了研究，提出零售商采用收益共享契约对供应链成员质量控制决策的协调作用。另一部分学者将研究的目光转向了供应链质量稳定性方面，提出供应链中的风险问题，马建华等（2012）分析了供应链中面对变化的市场需求与成本风险时生产能力与订购量之间的动态博弈，指出了多因素随机风险与运作效益之间存在的相互影响，影响了供应链本身的稳定性。胡海青等（2021）论证了利用SVM作为识别工具的供应链融资信用风险评估系统具备良好的实践操作价值，对研究供应链质量风险具有一定启示。

三、相关研究简要述评

综上所述，从20世纪80年代开始，服务质量研究开始引入零售领域，从最初的传统零售业态扩展到供应链以及服务供应链，国内外学者分别从服务质量内涵、测量体系、系统结构、形成机理、动态演化等方面进行了深入探讨，形成了较为丰富的学术成果和研究经验。总体来看取得了一定的成就，但还存在某些薄弱环节。对全渠道、新零售时代零售企业服务质量机理的研究还较为分散，无论是零售企业服务质量动态演化机制，还是定性定量的动态因果建模，均处于探索阶段。大量文献主要集中在对零售企业服务质量测量模型、影响因素以及因素之间关联的研究；更多主要从影响要素涉及范围广度和测量方面把握零售企业服务质量的复杂程度，集中于零售服务过程中"关键点"的研究。对于服务供应链的研究虽然较为丰富，但是过于侧重某一具体行业，对服务供应链服务质量没有一个系统的研究。为进一步深化与完善，亟须在以下领域加强研究：首先，目前服务供应链的应用研究主要集中在旅游、物流和养老等具体行业领域；对新零售服务供应链的研究相对较少，尤其是对线上线下全渠道零售的服务供应链优化研究较少；关于新零售时代企业服务质量动态演化机理的研究还较为分散，尚处于探索阶段，并且研究忽略了零售企业服务质量内部要素之间的交互行为与关系以及各要素在服务质量形成过程的复杂的动态演进机制研究。其次，近年来，部分学者开始关注服务质量、服务努力以及服务水平对服务供应链优化的影响，但有关服务质量稳态决策以及服务供应链质量稳态共生机制的研究较少，国内外在服务供应链研究及服务供应链优化研究方面取得了一定的积极进展，但仍然是侧重从供应主体的角度研究供应链的传统研究模式，缺乏从需求客体的视角对供应链的研究。同时，对供应链优化研究的出发点仍以实现供应主体的利益最大化为目的，对以创造优异的顾客价值为目的的供应链整体利益最大化的供应链优化研究并未给予积极的关注，将服务质量稳态作为服务供应链优化的充要条件进行研究的文献还不多见。此外，服务供应链优化研究主要侧重于分散、集中和收益共享等模式的静态分析，对不同模式间的动态结合研究相对较少。同时，服务供应链研究模型均是在传统产品供应链的基础上，结合服务本身所具有的特性进行一定的转化与改进所构建而成。没有涉及各管理要素的体系结构，缺少服务质量管理要素，没有涉及服务集成与传递过程。

第三节　研究内容与技术路线

本书从新零售服务供应链的系统结构与质量熵研究、最优质量行为及质量稳态预测、"双升"驱动下新零售服务供应链质量稳态的演化机理与可持续机制四个方面展开研究。在描述新零售服务供应链系统耗散结构特性的基础上，分别从微观和宏观两个层面预测、分析质量稳态和协同演化规律，最后通过仿真分析构建质量稳态的可持续提升机制。

一、新零售服务供应链的系统结构及质量熵研究

目前学术界对新零售服务供应链的界定和理解还相对模糊。这一部分旨在通过界定新零售服务供应链的内涵及其系统特征，明晰本书研究范畴；并依据复杂性科学的思想，采用耗散结构理论分析新零售服务供应链质量协同改进过程，为后续的理论研究和实证研究奠定基础。

（1）内涵界定与系统特征。新零售服务供应链是由线上线下跨层多主体构成的复杂系统，与传统单一情形的服务供应链相比，它在最优质量行为、供应链协调机制和优化目标等方面更为复杂。首先，本书将结合"新零售"和"服务供应链"的理论阐述，从内涵、外延两个维度界定新零售服务供应链；其次，将

新零售服务供应链划分为功能服务提供商、新零售服务集成商和消费者三个参与主体，分别从线上线下融合的层面分析其系统构成；最后，分别从运营类型、协调方式、参与主体偏好以及质量稳定性四个方面描述新零售服务供应链系统的主要特征。

（2）耗散结构与自组织演化。质量改进系统是新零售服务供应链的核心组成部分，本书将新零售服务供应链质量改进过程视为一个复杂系统，依据复杂性科学的思想，采用耗散结构理论分析新零售服务供应链质量改进系统的耗散结构特征、熵变模型和自组织演化过程。首先，基于耗散结构理论，从远离平衡态、非线性作用以及持续涨落触发三个判断条件，分析新零售服务供应链质量改进系统的耗散结构特征；其次，结合服务供应链协同内外部动力因素，构建新零售服务供应链质量系统的熵变模型，推导出系统演化方程，分析新零售服务供应链质量改进的稳定性规律；最后，结合新零售服务供应链质量系统的演化方程和序参量推导耗散结构系统的自组织演化过程。

（3）质量评价及改进过程。服务质量是新零售服务供应链绩效的关键指标，是新零售服务供应链耗散结构系统中的"熵"，它不仅反映了外部市场对供应链绩效的感知和认同，还与内部各子系统的良性运转密切联系，熵值在很大程度上决定着新零售服务供应链的可持续发展。本书将对如何衡量和改进新零售服务供应链的质量进行研究。首先，将基于质量功能展开方法（QFD）和PZB提出的SERVQUAL模型，分析新零售服务供应链服务质量的要素构成，构建服务质量评价的基本框架；其次，运用最大熵马尔科夫模型（MEMM），提出新零售服务供应链服务质量的评价模型与方法；最后，依托耗散结构理论和服务质量评价模型，分析新零售服务供应链质量改进过程要素和具体流程。

二、新零售服务供应链的最优质量行为及质量稳态预测研究

高质量的服务供给是新零售服务供应链不同参与成员间构建长久、稳定合作关系的前提和根基。该部分将从静态视角构建新零售服务供应链质量稳态的微观模型，采用微分博弈模型分析新零售服务供应链四种不同合作情形下参与成员的最优质量行为，并结合马尔科夫模型对新零售服务供应链不同合作情形下的质量稳态进行预测与比较。

（1）服务情境描述。新零售是传统零售业态与大数据、智能物流等现代技术结合的衍生业态，是由多个功能服务提供商、新零售服务集成商组成的以服务为主导的供应链网络体系。由于参与主体的多元，新零售也存在不同的服务模式

等。本书结合新零售与服务供应链的含义对新零售供应链进行了情境描述与分析。首先，在质量功能展开下考虑质量分散与质量集成两种参与主体质量合作方式，并在此基础上将新零售服务供应链服务合作情形划分为批发经销、批零结合、零售联盟和服务共享四种类型；其次，分别从交易结构、参与主体、行为偏好以及目标函数等方面对不同服务情形下服务供应链参与成员间的行为关系进行描述与分析。

（2）最优服务质量行为分析。由于不同服务情形下新零售服务供应链的合作方式、利益分配、行为激励、信任机制的不同，导致各参与成员在其服务质量改进努力程度及投入付出上存在差异。本书将服务质量改进努力程度和投入作为衡量参与成员服务质量行为的关键指标，在经济利益最大化的前提下寻找各自的最优质量行为。首先，考虑服务质量偏好，运用微分博弈理论，构建新零售服务供应链最优决策的微分博弈模型；其次，运用微分方程推导新零售服务供应链的质量时间轨迹和利润时间轨迹，描述参与成员及整体链条的质量和利润发展趋势与轨迹；最后，考虑相对公平和服务改进偏好约束条件，寻找新零售服务供应链的最优服务质量行为。

（3）服务质量稳态预测。在批发经销、批零经销、零售联盟和服务共享四种不同新零售服务供应链合作情形下，服务提供商、集成商和顾客所表现出来的利益、质量和交易偏好都呈现出较为明显的差异。首先，本书将运用马尔科夫模型对新零售服务供应链服务质量改进的马尔科夫性质进行描述、分析、预测不同服务情形下服务质量改进的稳态收敛值；其次，本书将对新零售服务供应链参与主体间的质量合作和稳态策略进行推导，分析实现新零售服务供应链质量稳态达成的环境及条件；最后，结合耗散结构理论，运用熵流模型分析长期发展过程中新零售服务供应链服务质量稳态的突变及其关键驱动因素。

三、"双升"驱动下新零售服务供应链质量稳态的演化机理研究

消费和技术"双升"驱动下，质量作为新零售服务供应链耗散结构中关键熵增不断演变、交互，促进了其质量改进的动态演化。本部分将从动态分析视角构建"双升"驱动下新零售服务供应链质量稳态的宏观模型，并采用演化博弈模型将新零售服务供应链质量协同改进过程视为一个由多层行为主体和参与主体构成的异质认知种群行为交互的趋稳过程，综合认知层次模型和动态复杂模型，探索"双升"驱动下新零售服务供应链质量稳态的演化机理。

（1）"双升"驱动下新零售服务供应链质量演进的螺旋轨迹分析。信息不对

称性、传递滞后性以及导致新零售服务质量在不同层次、不同情境下的行为交互存在时滞效应，参与主体根据前期顾客期望调整当期服务质量标准，而顾客用当期期望测量新零售服务供应链通过服务终端传递的服务质量标准，自然企业的质量标准、顾客的消费期望和终端的服务感知三者之间存在时间上的错位，其错位在服务过程中循环进行，呈现了一个螺旋上升的状态。本书将基于熵流模型，分别从新零售服务供应链质量改进系统的内部和外部两个层次分析质量演进的"螺旋轨迹"。第一，本书将质量作为耗散结构的正熵，从由服务提供商、服务集成商和顾客三个整体构成的系统内部探索由服务标准、顾客期望、消费感知三维因素影响的新零售服务供应链质量的形成机理，运用二次微分方程分析新零售服务供应链质量的非线性特征，揭示新零售服务供应链质量稳态的局部螺旋增长轨迹。第二，将创新作为耗散结构的负熵，分析系统外部创新对新零售服务供应链质量的影响，运用熵流模型分析"双升"驱动下新零售服务供应链质量的长期螺旋增长轨迹。

（2）"双升"驱动下新零售服务供应链质量协同改进的演化博弈分析。在耗散结构理论基础上，结合演化博弈理论，将质量定义为一个收敛值或者可以理解为均衡稳定状态值。因为新零售服务供应链中的功能服务提供商、新零售服务集成商和顾客三个参与主体不具有有序偏好、完备信息或无懈可击的推理能力，博弈均衡很难达成一致，但是可以通过长期的交互学习、调整、交流、模仿等过程逐渐形成从而达到均衡。本书将从演化博弈理论视角，基于新零售服务供应链中参与成员的行为偏好，分析在异质认知种群虚拟博弈下，三方参与主体认知层次的自主选择行为，分析不同博弈结构和初始信念下各阶参与人在任意时刻所获得的期望支付的关系，给出不同博弈结构下参与人认知层次自主选择的算例，并分析自主选择行为对线下零售服务供应链质量稳态的影响。

（3）"双升"驱动下新零售服务供应链质量协同改进的稳态机制。运用认知层次模型和动态复杂模型，构建"双升"驱动下新零售服务供应链质量稳态的 Logit 随机反应博弈模型和势能博弈模型，分析势能博弈结构对 Logit 随机反应动态均衡存在性和多重性的影响，并通过仿真的方式分析均衡收敛速度随势能博弈结构的变化，进一步分析功能服务提供商、新零售集成商以及顾客三方参与人理性状况以及种群规模的变化情况；构建异质认知种群的 Logit 模型，分析存在认知层次差异的群体进行 Logit 博弈时均衡结果的特征，揭示异质主体认知差异对新零售服务供应链质量稳态的影响机制。

四、"双升"驱动下新零售服务供应链质量稳态的可持续机制研究

新零售服务供应链系统具有自组织演化所具有的动态性、内在要素的整体性、非线性等特征。其系统内部存在一个自生循环机制，在没有外界干扰下，企业往往采取服务补救、抱怨管理、客户关系管理等行为技术，沿着不断优化线上网购服务、创新零售服务和满足顾客需求的方向，自我调适不同层级质量标准与顾客期望之间的差距，以实现顾客满意，逐步有组织地推进新零售服务供应链的不断优化与升级。因此，新零售服务供应链是一个线上线下服务供应链不断交互、调适和优化的动态演化过程，而质量稳态是该服务供应链动态演化的目标和结果。

（1）质量失稳及其影响机制。新零售服务供应链质量从无序到有序是通过结构失稳，且在微质量改进的涨落因素作用下被逐渐放大、稳定后达到的宏观结果。因此新零售服务供应链质量改进在正熵和负熵流二者的交互作用下如何失稳的条件、机制，是判断、描述新零售服务供应链质量改进系统耗散结构形成的重要依据。第一，将综合新零售服务供应链质量改进的微观最优行为和宏观稳态演化过程，分析质量协同改进过程中系统的正负熵及关键影响要素；第二，运用布鲁塞尔器（Brusselator）方法，构建"双升"驱动下新零售服务供应链质量协同改进的 Brusselator 模型，描述质量协同改进系统的非线性过程；第三，综合运用简单巨系统建模和反应扩散动力学方程，求解模型特征根，并以此分析新零售服务供应链质量系统在正负熵交互作用下质量协同改进的失稳条件和影响机制。

（2）行为演化及系统动力仿真。新零售服务供应链质量系统是一个动态的组织管理活动与相对静态的社会人群实体的结合体，通过由功能服务提供商、新零售服务集成商和顾客组成的线上线下交互的服务有效供给，实现新零售服务组织的经济性和满足顾客的消费需求。第一，本书将综合新零售服务供应链质量协同改进的微观和宏观模型，参照 Brusselator 模型，以服务行为为核心，针对不同层次的服务参与者主体行为模式，提炼基于主体行为的新零售服务供应链质量稳态的演化动力模型，建立包括功能服务提供商、新零售服务集成商和顾客三个主体质量行为模块在内的因果动态闭环模型。第二，以国内知名新零售服务品牌"友阿微店"为研究样本，对不同情境和认知扰动下服务参与者的行为交互及其绩效差异性进行仿真比较，研究新零售服务供应链质量稳态演化的动力机制。

（3）改进路径与对策。综合 Brusselator 模型和系统动力仿真分析，结合仿真分析结果及情景条件，分析不同情形和策略下的新零售服务供应链质量协同改进系统的动态演进过程；并利用关键控制点、风险控制等方法，提出不同均衡状态以及不同行为交互情境下的新零售服务供应链质量系统改进的可持续提升对策与机制，实现对新零售服务供应链质量的有效控制及其持续发展。

五、技术路线

本书立足于有限目标的方案设计，采用"理论分析—实地调研—理论提升与实践验证"的逻辑主线，首先，在理论分析方面，密切关注国内外有关新零售服务质量与服务供应链优化的最新研究成果与文献资料，将最新的理论和方法融入研究当中，提炼相关的研究切入点，提出"新零售服务供应链"，并对其系统结构进行了分析；其次，分别研究新零售服务供应链的质量稳态过程和基本特征，寻找不同情境下的质量稳态均衡点；最后，在分析新服务供应链质量稳态的基础上，运用非线性系统动力学和演化博弈思想，提出新零售服务供应链质量稳态的演化分析模型与协调机制，从而实现这一研究的量化结果和理性结论。基于研究设想，构建技术路线如图 1-1 所示。

本书的研究方法与技术可大致归纳为三类：①经济计量分析技术：运用随机游走检验、重标极差分析法（R/S 分析法）、自回归分数积分滑动平均模型（ARFIMA 模型）、Lyapunov 指数分析等多种经济计量分析方法与技术手段，分析新零售服务供应链非线性动力系统的主要特征及自组织演化机理。②博弈论分析技术：将运用微分博弈、演化博弈、复制动态方程等模型，构建新零售服务供应链质量协同改进的微观模型和宏观模型，用于分析不同情境下的最优质量行为、质量稳态预测和动态演化机理。③非线性动力学分析：运用系统动力学仿真分析技术，建立新零售服务供应链质量稳态的要素因果关联环路模型和基于新零售服务供应链参与主体行为的系统动力学模型。对不同情境、不同层次以及不同主体的样本数据，引入系统动力模型，进行仿真、描述并验证新零售服务供应链质量稳态的要素动态时序关系及演变过程。

此外，本书在数据收集上采用了机器学习、问卷调查与行为分析方法。根据有限研究目标，设计能达到研究目的的调查问卷；为保证样本的数量和其代表性，选择不同的调查对象，主要包括新零售服务供应链中线上网购服务的厂商、网商以及顾客，线下零售服务的零售企业、零售终端服务者、物流服务方以及顾客，还包括外部的政府管理者、相关专家等。通过与调查对象的互动，获得新零

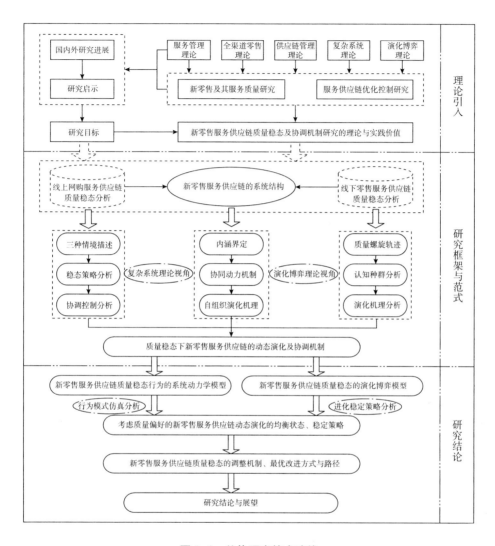

图1-1 总体研究技术路线

售服务供应链参与主体的认知信息，通过频次分析、理论整理、专家咨询等方法，厘清新零售服务供应链内外部协同动力因素及对应的行为模式，重点探讨新零售服务供应链质量稳态协同机理的关键要素。

第四节　拟解决的问题

第一，耗散结构中质量熵的评价体系构建与熵流机制。质量稳态是耗散结构中正熵与负熵交互作用的结果，因此厘清新零售服务供应链质量系统中"熵"的内涵、测量体系及熵流机制就成为本书研究需要解决的第一个关键问题。本书引入"质量熵"概念，采用 QFD、熵流模型、最大熵马尔科夫模型等多种研究方法，分析质量熵的要素构成、评价体系及其在耗散结构中的表现形式和作用机制，明晰质量稳态在新零售服务供应链战略决策框架中的"新角色"，为下一阶段"质量稳态"的相关研究提供理论基础。

第二，外部环境扰动下异质种群的质量选择行为与质量稳态的协同演化关系。新零售服务供应链质量稳态的动态演化是由外部环境扰动因素引起的，研究"双升"环境扰动下各参与主体质量认知与质量行为，是揭示复杂动态环境下质量稳态协同演化规律的关键。本书将运用微分博弈和马尔科夫链等模型方法，分析和预测最优质量行为，并在此基础上，结合演化博弈思想，采用异质种群认知模型分析参与主体的质量认知和行为偏好，通过构建基于异质种群势能博弈的方法分析质量稳态的协同演化，以此探寻外部环境扰动下质量稳态的非线性演化规律和协同演化机理。

第三，内外双重循环机制与质量稳态可持续发展。在耗散结构中，新零售服务供应链系统受到内外两个子系统的影响，导致质量涨落和非线性增长，构建一个内外双重循环的协同机制实现质量稳态可持续发展是关键。本书以复杂性科学中的耗散结构为理论视角，以"质量熵"为介质，将新零售服务供应链系统内的自组织演化和外部环境变量的动态演化结合，采用 Brusselator 模型进行质量稳态的协同改进，建构质量稳态可持续发展机制。

本章小结

本章选择消费结构与产业技术"双升"为研究情境，因此，选择复杂多变环境下"质量稳态的协同演化及可持续机制"作为研究主题，对新零售服务供应链实现可持续发展具有重要的现实意义。

由上述研究分析可知，复杂动态环境下"质量稳态"与"质量涨落"并存，构成了一个以服务质量为"熵"的复杂耗散结构。本章在充分阐述研究背景和研究目的与意义的基础上，依托复杂性科学思想，从耗散结构和动态博弈视角，采用多源多层的研究思路，通过研究复杂动态环境下新零售服务供应链质量稳态的协同演化和可持续机制，探索新零售服务供应链质量的非线性发展规律这一重要问题。最后，对本书的研究思路与框架，以及采用的研究方法与技术路线和可能解决的关键科学问题进行了介绍。

第二章　相关理论基础与文献综述

第一节　服务质量评价相关研究

一、服务质量测量模型

服务质量理论的研究最早来源于 20 世纪 80 年代英国航空公司对服务感知的关键影响要素的探索，从而从服务企业服务绩效的评价理论中延伸而来。在之后的研究中，各国学者分别从顾客满意度测量、服务感知质量、服务效率等方面进行了深入研究与探讨。服务质量体现了服务管理的绩效，也是服务管理的核心和目标。从当前学术界对于服务质量评价理论与模型的研究情况来看，主要是从顾客感知质量方面展开，并集中在以下两个方面：

一是绩效与期望差距测量模式，对服务质量采取了"服务质量=绩效-期望"的等式进行评价。Gronroos（1990）在要素质量与科学质量的基础上，提出了顾客感知质量差距模型，为服务质量测量理论奠定了坚实的基础；PZB 根据前期的研究又先后构建了 SERVQUAL 评价方法并提出了服务质量差距模型（Gap Model），从回应性、真实性、实体性、移情性和保障性五个层面对服务质量展开评估。后期的研究者们在评价维度上根据不同领域服务要素对差距模型进行了优化和升级（见图 2-1）（林炳坤等，2017）。

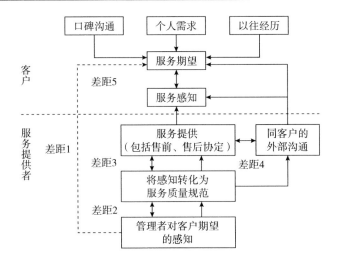

图 2-1 服务质量差距模型

二是直接差异测量模式,采用了"顾客感知-服务期望=服务质量"的等式进行评估,为了能更好地评估服务质量,直接测量顾客绩效认知和服务期望之间的区别(陈瑞义等,2015)。Brown 等(1993)直接以顾客认知服务和期望服务两者之间的匹配性来评估服务质量,并提出无差异分数测评模式(Non-Difference)和相应量表。

与此同时,许多学者在 SERVQUAL 模型理论的基础上对内部服务质量的技术、要点以及评估细则进行了完善和改进。更具有典型性的说法是 Loveman 的 ISQ 量表和 Hallowell 的 Internal SERVQUAL 量表。在现代网络时代下,随着科技的飞速发展,服务质量的测量工具得到了提升和改进。DeLone 和 McLean(2003)在 Pitt 等(2013)的研究基础上,将服务质量要素与现代网络系统迭代模式相结合;四缺口理论以及电子化服务质量概念模型 e-SQ 在 Parasuraman(1991)、Malhotra(2005)和 Zeithaml 和 Parasuraman(2002)的先后研究中逐步修正与系统化。Parasuraman 等(2005)证明了 E-RecS-QUAL L 和 E-S-QUA 的评价的便利性与实用性,并建立了一个多项目量表 E-S-QUAL 来测量多维系统的线上平台的质量水平。

综合来看,国内学者对于服务质量的研究主要基于西方管理学界提出的 SE-RVQUAL 服务质量评价模型对服务质量评价要点及系统标准,从不同层面针对不同业态的特殊性进行不断的更新与升级。还有学者依据某个企业的特点运用多种测算技术与方法(如灰色分析、DEA 分析、因子分析等),并在评价体系与模型中加入服务质量内外结构性影响因素对服务质量开展整体研究。

二、服务质量结构要素

由于服务质量的结构要素具有复杂性，因此对服务质量的测量极具挑战性。最先对服务质量的结构要素进行探讨的是 Sasser、Wyckoff 和 Olsen，他们认为服务质量类似于产品质量，主要被员工、技术设施和经济发展的三大要素所局限。影响顾客对质量认知的关键基础性要因之一是"建筑"的或者物理的背景，并将服务规划的初级定义进一步广泛运用。Gronroos（1990）在前人研究的基础上提出将质量定制和质量功能两者结合来定义服务质量，即"二维要素论"；随后 Lehtinen（1991）认为互动质量、公司质量和物质质量共同决定服务质量，即"三维要素论"。Norman（1986）认为服务质量显著体现了服务人员与顾客的行为交互这一关键时刻，并发现了"关键时刻"定义，使得服务质量包含了客户认知、实体服务和服务活动等系统因素。学者们针对这三个层面分别开展了不同层次的讨论和发展。Bateson（2000）、Binter（2013）、Schneider（1995）研究了服务人员、顾客和服务接触，使消费者如何在服务传递过程中发挥参与作用等方面。Shostack（1977）指出，在服务的初始阶段，顾客对质量的判断一般通过对环境设施的感知，并提出了服务规划的综合研究这一概念。经过 PZB 对结构要素的不断精简，由最初提出的影响服务质量的十要素结构最后形成了 SERVQUAL 评价理论中的五要素结构。

与此同时，终端行为、组织文化、组织战略等要素结构对服务质量的影响也成为相关研究者们的关注点，企业氛围通过正向影响人员的工作满意度，从而直接正向影响服务质量。Eylon 和 Linn（1988）在服务规范化的基础上讨论了服务质量的提升情境和服务质量的提升策略。Babakus 和 Boller（1992）进一步发现，提升解决不同背景、不同特质和不同消费者多样需要的能力来升级服务质量水平的有效途径之一便是建立合适的企业人力资源培训制度。

三、服务质量影响机制

随着国内外学者对于服务质量结构性的影响要素研究的不断完善和不断深入，学者们的研究关注点开始转移到服务质量波动变化特征中来。Czepiel（1990）、Surprenant 等（1996）提出最终"影响顾客的评价内容是满意的接触"，可以是从业人员的技术、表现和风格。与此同时，Clark 等（1999）深入研究了由终端服务水平与服务质量组成的结构性作用机制。Brady 和 Cronin（2001）认为，消费者和从业人员表现出来的专业性、表现和风格是在服务传递过程中影响服务质量感知最大的因素。在前人研究的基础上，Chernatony 等（2010）将角色模型与终端服务质量相结合进行了相关研究。范秀成（1999）首次提出对服务质量结构性影响围绕服务交互模型进行研究。Svensson（2005）发现了内外互动机制、终端人际互动并提出了组织内部交互行为模型。

综合现有的研究文献来看，对于服务质量波动性问题以及多样性的研究很少。最早提出服务不稳定性（variability）作为服务有别于实体产品的特质的是美国营销学家 Kotler，他认为服务质量具有高度的不稳定性是由于服务提供方式与提供主体的异质性。随后，Murray 和 Schlacter（1990）、Hoffman 和 Bateson（2016）、Ru（2007）、Gronroos（1984）等认为服务的重要属性之一是服务的动态性，并将服务的基本特质定义为：与生产和消费的不可触摸性、不可剥离性、不可存放和差异性等。同时将服务的动态性作为服务的最主要特质。同时 Shah 等（2004）在前人研究的基础上将服务的动态性分为周围要素的不确定性和服务的不稳定性。Harvey（1998）将服务不稳定性分为两个方面，即外在不稳定性和内部不稳定性。Brady 和 Cronin（2001）将空间配置图、社会因素和场所氛围作为定义物理环境质量的下位维度。Sterman Oliva（2015）等由前面多位学者们的广泛研究得到了新的启发，充分运用系统动力学的相关原理以美国服务业服务质量为对象分析了动态的现象和出现的属性，并在此基础上建立了一个模型用来描述服务管理的基础架构。目前，国内掀起了对服务不稳定问题的研究热潮，陈荣平（2004）、李林等（2008）研究了服务质量管理的复杂性并将顾客对服务产出评价的不确定性、顾客对服务预期的不确定性和顾客在服务接触互动过程中的不确定性纳入服务质量不稳定性的分析体系当中，在此基础上提出了服务质量不稳定性的基本框架。还有众多国内学者对服务质量的不稳定性进行了探讨，他们分别从组织公民行为、终端服务角色、消费者感知质量等角度进行了阐述。

第二节　零售服务质量评价相关研究

目前，各种服务性活动表现出多维异质性的主要特征，导致各个环节的服务水平呈现出不稳定多线性发展趋势，进一步催生出消费者产品服务感知水平的动态性。这种现象产生的主要原因在于生产加工环节更加精细化及服务活动丰富化所带来的影响。因此，当前的各服务性行业必须加强对产品服务质量各环节的把控，及时了解服务进程中服务水平的动态波动的特征影响，为更好地满足消费者对各产品服务水平的认知及拓展企业管理中关于产品服务质量相关研究的视角打下坚实基础。零售企业作为服务经济的典型市场主体，零售企业服务质量的动态性研究成为众多服务管理领域专家学者所关注的焦点。

一、国外相关研究进展

由于以往对服务质量模型的评价存在一定的不足和缺陷，国内外的学者开始把研究焦点集中在零售服务质量特点和内部要素构成模型建立及作用机制的影响研究与讨论中，将服务管理和质量提升利用精确的理论实证模型证明和科学的方法界定并运用规范化的零售服务质量标准得以实现，进一步确保消除服务质量的异质波动性特征。

早期关于顾客感知服务质量评价方法、非差异性评价方法等在零售企业中的广泛应用，主要是由 Parasuraman 等（1991）、Cronin 和 Taylor（1994）等专家进一步验证并提出，在研究中他们发现与服务质量有关的信度和效度已经发生了巨大改变，与其他行业的质量特性存在明显区别。其后，由真实性、有形性、员工沟通、要点分析能力和策略标准组成的五阶段服务模型在零售行业的服务质量提升的环境下产生，该理论模型主要的提出者 Dabholkar 等（1995）运用 SE-RVQUAL 模型的基础研究，再进一步做延伸发展提出 RSQS 模型来加强对零售服务行业服务质量的测评，这种方法最先开始主要以美国的零售行业为参考对象并在多地进行推广研究。其后各国的学术研究专家开始围绕各国的社会分工细化、地域风土人情及政治环境的维度展开了激烈的探讨。在中国香港、新加坡等地运用 SERVQUAL、RSQS 等测量工具加强其区域零售服务质量提升方案的研究，主要由 Gaur（2006）提出并逐步推广。他制定了多个有关零售服务质量提升的测量量表并借鉴其他有效性模型的优点，进一步统一研究范式并做深入科学的理论研究。Ferreira 等（2014）结合以认知地图与测量吸引力为基础的分类评价技术建立了一个零售企业服务质量和便利性的综合评价系统。Deb 等（2014）验证和修改了由 Dabholkar 等（1995）开发的正规的多维度多层次的服务模型，搭建了一个在零售行业能有效利用层次分析法的零售服务质量测评模型，并以印度零售企业为研究样本进行了检验与测量应用。Wang 等（2015）在问卷调查中应用模糊语言学来衡量客户对个人服务项目的整体满意度，并通过建造服务性能的影响矩阵来确定服务项目质量的好坏。Zhang 等（2015）提出并验证了中国电子商务背景下零售企业线上线下全渠道融合的服务质量测量的概念模型，他们认为在中国文化和中国人格具有高不确定性规避风险的背景下，电子零售企业应该更加注重过程质量和服务质量保证。Chen（2011）等采用修正后的卡诺模型提取能有效满足服务质量需求的系统要素，并对服务创新以及动态改善服务质量要素的策略进行了研究。Hossain等（2009）开发并验证了能更有效监测网络平台端下各种形式的服务零售活动相互交融产生的满意度质量期望值、能符合零售行业质量规范要求的多维分层模型。

　　学者们将研究视角不仅限于以往的测量模型及服务质量评价，还开始聚焦零售服务行业内部结构的波动性、多维性及其他线性特征。在零售服务供应链质量服务的多要素综合作用下，其内部的服务质量呈现波动线性特征，这种现象的产生根源在于零售行业服务质量的生产过程的随意性、波动性及服务本身的难以保管性所导致。该观点由Rust等（1995）、Gronroos（1990）先后通过科学实验方法得到了进一步验证。后环节服务感知源于前一要素环节作用机制的质量感知的推动，Hamer（2000）等通过实时更新（RUT）模型对服务要素影响加强了实践证明。在各种形式的服务活动交互融合的过程中，其零售服务质量水平间存在一定的多米诺骨牌效应，这种效应的产生会加强内部零售服务要素结构的波动多维性。该观点由"服务利润链"理论的提出者通过参照零售企业服务标准得到了验证。Shah等（2017）纵深发展得出零售行业的服务活动内外部环境的异质性和动态性主要由零售企业服务环境（质量）水平的波动导致。零售行业服务活动过程中的质量动态和易变性是由零售行业本身的服务质量的系统内部要素的多维度的质量特征所引起，该观点由Brady等（2001）进行了论证并提出。关于零售行业的服务管理过程中基本架构的模型工具的建立，Oliva和Bean（2008）运用系统动力学方法，以美国零售业服务质量的不稳定性差异和表现形式为例，对当前的零售行业产品服务水平质量的管理问题进行探讨。Resnick（2014）基于英国零售企业的发展，就零售企业服务质量组织、员工和顾客三者，分别从服务接触和服务经验、产品、过程质量和品牌在评估零售组织质量供给中的作用方面进行了研究。Deb和Dr Madhurima（2016）开发了一个系统的零售商—客户的长期关系模型，对零售商与客户关系以及顾客感知质量长期动态时序关系的影响要素和决定因素进行了深入探讨。Mittal和Gera（2013）使用结构方程模型，验证一个多维度、多层次的印度零售银行的服务质量模型，并分阶进行测试将二阶模型与一阶模型的服务质量进行比较，对零售业服务质量的动态性展开了深度研究。

目前，管理科学和零售服务的基础理论被越来越多的国内外学者参考应用在对零售行业服务质量不稳定性的研究中。在其后的发展中，管理服务过程及其内部质量要素水平是一个多维波动线性系统的结论，由 Chen 等（2016）通过对零售行业的服务内部复杂系统构成要素的研究得到了证明。在这种结论的影响下，Badinelli 等（2012）提出零售企业中各种形式服务活动的交互性通过服务过程中其活动的通达性、多维合作性、利益共享性以及准时稳定性等要点来判断。随后，Wilkinson 将零售行业内部系统的服务质量不稳定性特征放入多阶段异质性行为的范式研究中来。Nadkarni（2015）等先后以零售行业内部质量要素波动性为研究样本，基于复杂适应系统理论的综合研究，提出了复杂适应性系统目标模型。由于服务过程中各行为要素的重复性和主体间交互感知的不稳定性是构成服务环节波动的两个主要原因，Spohrer 等（2007）等基于此研究也进一步提出了服务活动行为关系的交互作用的影响致使零售企业内部系统结构管理要素呈现复杂性的观点。Demirkan 和 Cheng（2008）以一个零售渠道为示例，提出了一种概念化的数据驱动零售企业服务质量系统框架，运用智能自助服务系统，设计更多的定向服务、监测仪器（从传感器到智能手机消费者行为）、互联（交互模式）和智能算法（帮助识别模式），以使零售组织可以为客户提供性价比较高的零售服务经验，减少服务过程中质量的波动。零售企业内部质量要素的易变性主要由以人为主体要素在各分支环节中发挥出的波动不稳定性作用所引起，该观点是由 Tien（2011）在前人研究的基础上做进一步衍生所得出的结论。其后 Edvardsson 等（2011）结合服务补偿环节的不稳定性的四个要素，即沟通、技能、时间和效率要素，进一步得出服务补偿环节的波动性主要由这四个要素影响。Svensson 等（2013）发现服务供给者和服务收受方两者之间的动态博弈作用会进一步提升产品接触的效益和产品品质。Badinelli 等（2012）通过运用 VSA（Viable System Approach）模型加强对零售企业服务活动进程中的系统波动不稳定的监控，这种方式的采用基于当前服务活动系统内部要素的各环节资源条件的不稳定波动，及其内部系统本身所具有的杂乱无序等特征所引起。Thenmozhi Dhanapal（2010）和 Srivastava 等（2015）分别从"通过评估信任、承诺、企业形象、转换成本"和"零售商店商品、政策、问题解决和人与人之间的交流"等价值链条中阐述了零售企业服务质量与顾客忠诚的动态关联。Hossain 等（2015）以零售企业为样本，综合消费期望、证实效应、满意度模型和服务质量领域中的信息系统理论，建立了一个零售企业服务质量的顺向调解与缓和效应模型，对零售企业内外出现的信息不对称、认知匹配以及调节策略等问题进行了分析。Migliano 等

（1998）构建了零售企业期望、消费者需求和质量供给技术三者之间的动态关联系统，基于质量功能展开方法，找出最佳服务创新策略与技术选择，以有效提高整个零售过程的质量。

二、国内相关研究进展

国内关于零售行业的质量服务理论的开展较国外研究有些滞后，白长虹和廖伟（2001）提出包括产业要素、从业人员素质水平、交流服务、要素服务、基础设施五个方面的综合服务质量模型，结合以往的"整体服务质量概念"基础做了有关的实证研究，对进一步深化该类研究打下了坚实的基础条件。顾力刚和于辉（2007）先后就国外学者提出的服务质量测量模型 SERVQUAL 和 RSQS 在中国不同地区、不同情境下的实用性和广泛性进行了科学的验证。赵卫宏和熊小明（2015）开发了在中国情境下网络零售服务质量测量量表（E-TAIL-SQ），从环境质量、过程质量、结果质量和补救质量四个维度对服务质量进行了测量，并验证了各维度对顾客忠诚具有预测效应。

同时，国内学者也开始关注零售企业服务质量的不稳定性和动态性问题，苏秦等（2007）通过对消费者服务环境下两类交互质量与关系质量维度的要素模型分析，结合服务供给方和顾客交互的着眼点出发来讨论顾客服务质量对关系质量的作用机制研究，并解释了关系质量内部要素的影响过程。银成钺（2011）基于情绪感染理论和拉塞尔刺激反应模型，探讨了一线员工的情绪展示对顾客感知功能性质量的影响，并进一步对顾客情绪易感性在情绪感染中的调节作用进行了测量。邓之宏等（2013）对 C2C 交易网站和网上卖家提供的电子服务质量以及对交易市场满意度和忠诚度的评价情况，并建立结构方程模型实证检验了 C2C 交易网站服务质量、卖家服务质量、顾客满意和顾客忠诚之间的动态关系。张瑞雪等（2009）以中国网络零售行业为例，检验顾客绑定策略对组织绩效的影响作用。李燕（2015）研究零售企业在移动环境下集成用户情境展开对服务供应链个性化信息推荐会给服务质量带来显著正向影响。唐建生和邵建新（2015）通过对线上拼团销售方式与平台提供商的道德底线行为着手，讨论顾客线上服务感知质量水平和平台提供商的道德行为对客户拼团意愿的作用机制。彭家敏（2016）探索一线服务员工学习目标导向对企业外部效率的影响，分析服务适应性行为在个体学习型特质和企业外部效率关系中的作用机制。

第三节　熵理论及耗散结构理论的相关研究

耗散结构理论中有一个重要分析参数——熵。熵的概念最早由德国物理学家鲁道夫·克劳修斯提出，他将熵定义为一个用来表示在空间中能量分布均匀程度的物理量，并以此来表示要素属性变化的有序程度。熵增加，系统趋于混乱、无序化状态；熵减少，系统趋于有序化状态。在社会经济领域中，通常以熵来度量无序度。其后，玻尔兹曼将熵运用于统计力学，申农将熵运用于信息论中。发现最小熵产生的定理是统计物理学家普利高津（I. Prigogine），他在1969年首次提出了耗散结构理论。耗散结构理论深化了熵及其相关理论。后来，由于非平衡态物理学以及耗散结构理论在文化、社会、经济、管理等领域的应用与推广，极大地推动了这些领域的发展。当熵产有抵消熵流的趋势，且系统内总熵正在增加时，这种系统熵的变化就使得系统不利于形成耗散结构。相反，系统总熵开始减少，系统熵的变化就有利于系统形成耗散结构，直到熵流完全抵消熵产，形成耗散结构，由此，耗散结构的形成与否，可用系统总熵的变化来判断。普里戈金（1997）的熵变理论正是利用了熵的变化来判断耗散结构是否形成。耗散结构模型的构建以及耗散结构体系指标的计算问题在熵变理论的基础上得到了有效解决。在国外，尤其是经济社会领域，学者们大都将管理与耗散结构理论和熵理论相结合，如学者Christopher（2016）认为信息熵在ERP的发展过程中影响了ERP企业组织的演化，是其发展过程中的重要影响因素。Sivadasan（2002）发现内部要素的多维性和随机性可以用信息熵来进行更准确的判断和界定，并将熵理论进一步在结构系统中进行深入探讨。

对于耗散结构理论和熵理论的研究在国内起步比较滞后，熵理论在我国得以广泛传播是在1978年之后，学者们着眼于系统熵值理论的研究基础，对耗散结构进行了具体的研究。从现有文献我们可以整理得出，相关学科领域运用熵理论和耗散结构理论较为广泛，但在管理科学及经济社会领域也有一定的理论应用，特别是运用熵理论和耗散结构理论解释和解决区域管理、技术管理、企业管理等微观层面的不足。

关于耗散结构理论，国内主要针对经济社会中存在的个体，基于耗散结构理论揭示系统运营的总体情况及其存在的问题，如李福英（2003）用耗散结构理论论证再生组织的优势，并详细分析了官僚体系存在的问题。在研究史上第一次提出了"工业生态熵"的是徐大伟等（2004），他们借助耗散结构理论建立了工业生态系统演化方向分析模型。李全亮（2004）以公司战略管理为研究对象，得出公司的演变、发展同样具有耗散结构特征。屈耀辉等（2004）以公司治理为研究对象，在熵理论和耗散结构的基础上，揭示了公司治理过程中的耗散特征。马科（2005）在管理熵与耗散结构理论的基础上，通过分析企业组织再造的过程建立了初步的耗散结构组织模型。Cao（2005）通过研究得到，在物流系统发展中存在的问题可以借助耗散结构中的熵流来进行分析。郭伟刚（2009）揭示了企业激励机制变化以及发展的趋势，并将耗散结构理论与其相结合，为企业建立或完善激励机制提供了充足的理论支持。段飞（2015）则从一个较新的视角出发，通过尝试将虚拟企业系统与耗散结构理论相结合，研究对于虚拟企业经营水平的评价，从而得出系统的测量方法。

关于熵理论，国内具有代表性的学者是任佩瑜（2004）提出的管理熵理论，他通过将我国管理科学研究现状与熵理论相结合并将其应用于在经济社会中的各种系统管理当中，同时用熵来描述系统发展中的无序化程度。在他的研究基础上，越来越多的学者开始运用熵理论解决系统管理中存在的具体问题并研究具体运行环节，如张明宏（2004）在系统阐释了熵理论的概念、起点与发展状况的基础上，结合其在项目管理决策进程中的具体运用，从而建立了熵理论决策模型。王宗赐（2010）以京津冀地区为对象展开研究，在熵理论以及前人研究的基础上，研究了区域知识能力差异随机性。王伟等（2010）将区域内部物流系统的发展与耗散结构进行了结合研究，认为要想使区域物流得到发展就要不断增强系统的竞争力，并持续性地降低正熵流、导入负熵流。黄鹏（2011）以国际陆港竞争力系统为对象，以耗散结构理论和熵理论为基础，对其耗散结构、熵流的形成及功能进行了定义与研究。唐朝永（2016）在管理熵理论的基础上，深入研究了科技型人才聚集系统变异化与规范化机理。

综上所述，从20世纪80年代开始，服务质量研究开始引入零售领域，从最初的传统零售业态扩展到供应链以及服务供应链，国内外学者分别从服务质量内涵、测量体系、系统结构、形成机理、动态演化等方面进行了深入探讨，形成了较为丰富的学术成果和研究经验。总体来看，取得了一定成就，但尚存在某些薄弱环节。通过对上述国内外相关进展的研究可以发现，在研究理论上目前线上平台网络中的零售服务供应链内部系统要素的演化机理研究还较为分散，无论是零售企业服务质量测量模型和评价体系，还是定性定量的动态因果建模，均尚处于探索阶段。大量文献还是聚焦在对零售企业服务质量内部要素机制、测量工具应用及要素间相互作用的探讨；更多基于内部机制作用所围绕的内容角度和测量方面引致的零售企业服务质量的不稳定性水平，集中于产品质量要素活动进程中"关键点"的研究，忽略了零售企业服务质量内在环境下的相互作用以及各影响维度在产品结构形成过程中的中介或调节效应产生出的不稳定波动非线性研究机理。

同时，我们在对熵理论及耗散结构理论文献研究过程中，进一步得出目前在自然科学、环境资源利用、人类生物医学、经济活动乃至城市规划发展中耗散结构知识理论均得到了广泛的借鉴与应用。尤其是在人类生产与经济活动等各要素环节的应用研究上均发挥出巨大作用，然后该基础研究目前仍处在初级研究过程阶段，各项应用技术还不完善，尚需继续加大科学实验力度来进一步支撑与验证。在本书中新零售服务供应链系统结构是一种远离平衡态的开放复杂系统，该系统具备明显的耗散结构特征。这种耗散结构的主要特征是开放性、非线性相互作用、远离平衡态、自然涨落等，其发展形式主要通过系统内外部质量要素的转移和资源消耗，在这个环节中内部系统的非线性逐步形成自然涨落状态，发生质量要素的根本性改变，系统内部的无规则状态进一步转化为时空上和要素上的有序结构，开始进行自然系统的自组织演化。因此，本书根据新零售服务供应链系统本身所具备的特性，将熵理论及耗散结构理论纳入到基础研究中来，进一步挖掘新零售服务供应链内部质量熵的系统演化机制研究。

本章小结

根据本书的研究目标，本章首先对目前国内外在服务质量评价和零售服务质量评价及熵理论与耗散结构理论等方面的文献资料进行系统梳理，对以往的研究贡献和现今急需进一步研究的问题进行总结。其次总结了当前主要存在的四个方面的不足：①忽略了新零售服务供应链企业服务质量内在环境下的相互作用以及各影响维度，在产品结构形成过程中的中介或调节效应产生出的不稳定波动非线性研究机理；②新零售服务供应链企业的服务质量的研究内容与模式单一；③新零售服务供应链企业间服务质量各要素间跨层次的复杂属性研究缺乏；④新零售服务供应链内部质量熵的系统演化机制研究有待深入。最后对新零售服务供应链的服务质量相关理论的阐述以及国内外文献的系统综述，为下一章分析新零售服务供应链的耗散结构及质量特征、服务质量的影响要素、演化的复杂属性特征等奠定了相关理论基础。

第三章　质量在供应链管理中的角色

第一节　引言

　　20世纪80年代供应链管理思想的提出，已成为了管理学界公认的发展方向，越来越多学者加入其中展开了深入的探讨与研究。质量是供应链价值传递的核心内容，其优劣程度直接决定着供应链的竞争能力和持续发展，因此供应链质量自然就成为了供应链管理理论中不可或缺的组成部分。当前对供应链质量的界定分为三类：第一，从自然属性视角界定供应链质量，将其视为一种质量信息或质量标准，即指供应链运营过程对各参与主体所提供产品或功能服务的结构、规格、质量、检验方法所作的技术规定。这类技术规定通常是参照国际标准化组织ISO或所在国家地区与标准相关的法律法规进而确定的，如ISO9000：2000、中国的《标准法》等。第二，从社会属性视角，将供应链质量定义为一种跨组织间的关系质量，即指跨组织间主体的信任感与对合作双方之间关系的满意程度。在供应链内部两个或两个以上独立的成员之间形成的一种协调关系，以保证实现某个特定的目标或效益；供应链跨组织成员间通过提高信息共享水平，从而减少整个供应链产品的库存总量、降低成本并提高整个供应链质量和运作绩效。第三，从管理视角将供应链质量定义为对分布在整个供应链范围内的产品质量的产生、形成和实现过程进行管理，从而实现供应链环境下产品质量控制与质量保证，确保供应链具有持续而稳定的质量保证能力，能对用户和市场的需求快速响应，并提供优质的产品和服务。本章综合质量与供应链管理两个理论，将供应链质量定义为整个供应链运营过程中跨层组织成员间所规定的一系列固有特性满足其上下游成员要求的程度。

经过多年的研究探索，供应链质量领域积累了较为丰富的文献，学者分别从供应链质量的内涵、质量的影响因素、质量的构成框架、质量对绩效的影响等领域展开了深入的研究。当前，学术界对质量管理是供应链管理体系中重要组成部分的观点是一致的，但质量在供应链体系中扮演了什么角色、如何动态影响供应链体系的改进与持续发展、其在供应链系统优化与改进中到底是一个参数还是一个变量等问题，成为了近年来供应链管理理论学者们争议的焦点。本章围绕"质量在供应链中扮演了什么角色"这一问题，运用 CiteSpace V 文献知识图谱分析工具，对 1998~2018 年供应链质量领域的文献研究进行计量分析，厘清该领域研究热点的演进脉络和未来可能的研究前沿领域。接下来章节内容安排如下：第二节介绍本章所采用的文献计量分析方法及工具，并对分析数据的收集、甄别和筛选过程进行阐述；第三节运用文献计量分析方法及工具，分析 20 年来供应链质量领域研究的文献知识图谱，包括国家和地区、作者、引文、被引、关键词、期刊等知识点；第四节结合文献分析对 20 年来学者们在"质量是标准系，还是合同""质量与绩效，谁是供应链的上帝"和"质量是参数，还是变量"三个研究焦点问题上的争论进行了系统梳理；本章小结中对供应链质量领域研究热点的时代演进讨论了未来一段时期内该领域可能的研究前沿与关注新焦点。

第二节　数据与方法

一、研究数据

本章的数据基于对 Institute for Scientific Information （ISI） 中的 Web of Science（WoS）数据库的检索，主要包括三大数据库——SCI、SSCI 与 A&HCI。通过对"supply chain quality""the quality of supply chain"以及"quality"near"supply chain"三个主题词进行检索，从 1998 年开始检索，时间跨度为 20 年，选择类型为"article""review"与"proceeding paper"的文献，最终检索到 1103 篇文献，对其摘要与参考文献进行下载，最终得到分析所需要的全部基础数据（见表 3-1）。

表 3-1 研究数据获取方式

检索设定科目	检索设定内容和结果
数据库	SCI、SSCI 与 A&HCI
检索方式	TS＝（"supply chain quality"）OR TS＝（"the quality of supply chain"）OR TS＝（"supply chain" near "quality"）
文献类型	Article；Proceeding paper；Review
时间跨度	1998~2018 年（仅包括 2018 年 10 月之前的文献数据）
检索时间	2018 年 11 月 28 日
检索结果	1103
引文数量	39086

注：①TS——检索主题词，包括文章的主题、摘要和关键词；②Near——布尔运算符，相邻不超过 15 个字符。

图 3-1 为 1998~2018 年该领域文献数量的时间分布，从中我们可以看出供应链质量领域的文献呈现出了快速上升的发展趋势，1998 年仅有 5 篇相关文献，而 2018 年已达到 126 篇，这一数据说明越来越多的学者开始关注供应链质量相关领域的研究。综观 20 年该领域研究的发展，从图 3-1 中的数据分布，将发展历程大致划分为三个阶段：酝酿期（1998~2005 年）、试探期（2006~2013 年）和发展期（2014~2018 年）。这一数据也充分反映了未来一段时间，质量与供应链的融合是供应链管理研究领域的一个重要分支与方向，厘清该领域的发展脉络、研究热点迁移以及未来研究前沿对深入研究供应链管理理论有着重要的理论价值和实践意义。

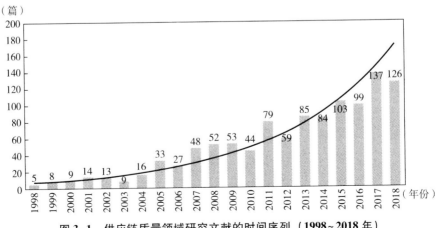

图 3-1 供应链质量领域研究文献的时间序列（1998~2018 年）

二、研究方法

对于文献数据信息的处理随着时代的发展而发展，不再是单纯的文字加表格模式，而是向可视化方向发展。科学知识图谱的出现极大地便利了学者的研究，随着技术的发展，学者们利用图谱工具逐渐展开了对研究理论、研究范式、学科领域演进以及学科结构的辨识等方面的研究。较为常见的信息可视化分析软件有专家检索系统（ArnetMiner）、数据关系挖掘（PaperLens）、TDA（Thomson Data Analysis）和 Citespace 等。通过与其他软件的比较，笔者发现 Citespace 的聚类分析、社会网络分析、多维尺度分析等更能有效地反映文献情况。与以往的文献分析软件相比，Citespace 软件更多地侧重于对学科研究前沿的演变趋势的研究，以及不同研究前沿之间的内部联系。基于此，本章以服务供应链相关文献数据为研究对象，利用 Citespace V 软件，对被引（Cited）文献和引文（Citing）进行数据的计量分析，提炼出服务供应链相关领域研究的知识基础，把握服务供应链相关领域研究的最新进展、前沿热点、演化路径和未来趋势，为相关研究提供依据。

第三节　文献计量分析

一、研究文献的基本特征

1. 研究类别分布

从供应链质量领域的研究类别分布来看，文献出现频率在 20 篇以上的共有 10 个类别，100 篇以上分为 5 类，250 篇以上分为 3 类。其中分布在工程领域的文献最多，达到 388 篇，占全部的 23.66%；其次是运营、管理科学和商业经济，数量分别为 321 篇和 293 篇，分别占 19.57% 和 17.87%。此外，我们也可以明显地看到，在分布中发表类别较多的还有食品科学技术（9.39%）、计算机科学（6.59%）、农业（4.82%）、环境科学与生态（4.02%）、科学技术（3.96%）、应用数学（2.07%）等领域（见图 3-2）。由此可见，当前学者对该领域的研究通常会从以下四条路径进行研究：第一，对象导向类别，更多倾向于关注食品、农业等高质量风险行业；第二，研究内容导向，倾向关注运营视角解决供应链质量控制和改进问题；第三，研究情境导向，倾向关注外部环境变化和生态质量要求；第四，研究方法导向，倾向应用数学方面、建模手段解决和优化供应链质量管理与控制问题。

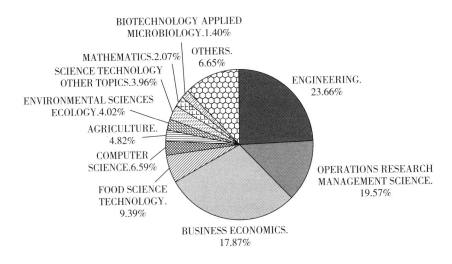

图3-2　供应链质量领域研究方向类别分布（1998~2008年）

2. 文献期刊分布

从文献发表的期刊分布来看，发文数量在10篇以上的期刊共有14家，15篇以上的8家，数量超过20篇以上的仅有3家。其中，发文数量前五的期刊分别为 *INTERNATIONAL JOURNAL OF PRODUCTION ECONOMICS*，*INTERNATIONAL JOURNAL OF PRODUCTION RESEARCH*，*SUPPLY CHAIN MANAGEMENT-AN IN-TERNATIONAL JOURNAL*，*EUROPEAN JOURNAL OF OPERATIONAL RESEARCH* 和 *JOURNAL OF CLEANER PRODUCTION*，五家期刊累计占比超过了15%。其中发文量最多的为 *INTERNATIONAL JOURNAL OF PRODUCTION ECONOMICS*，2008~2018年共发表了81篇与供应链质量主题相关的文章，该期刊主要关注工业工程及管理科学最前沿的主题内容，对基于企业产品生命周期中的跨学科交叉研究尤为关注，质量管理作为工业工程及管理科学中的重要分支，其与供应链理论的结合近年来备受该期刊的青睐，这在某种程度上也意味着供应链质量已逐渐成为工业工程及管理科学前沿中的一个重要分支与方向。此外，在前十位的期刊中大多数为运营管理、生产制造类的期刊，从运营视角探讨供应链质量问题也成为了近些年许多学者所关注的焦点。但与此同时，本书也发现20年来供应链质量领域发文数前十位的期刊所占比例相对较小，不足1/3，且各个期刊的中心度相对较低，这说明当前该领域的研究文献较为分散，仍处于理论体系构建的初级阶段（见表3-2）。

表3-2　供应链质量领域文献发表数量前十位期刊的分布统计

序号	期刊名称	频数	占比（%）
1	INTERNATIONAL JOURNAL OF PRODUCTION ECONOMICS	81	7.33
2	INTERNATIONAL JOURNAL OF PRODUCTION RESEARCH	57	5.16
3	SUPPLY CHAIN MANAGEMENT-AN INTERNATIONAL JOURNAL	33	2.99
4	EUROPEAN JOURNAL OF OPERATIONAL RESEARCH	26	2.35
5	JOURNAL OF CLEANER PRODUCTION	26	2.35
6	BRITISH FOOD JOURNAL	22	1.99
7	JOURNAL OF OPERATIONS MANAGEMENT	20	1.81
8	INTERNATIONAL JOURNAL OF OPERATIONS PRODUCTION MANAGEMENT	17	1.54
9	PRODUCTION PLANNING CONTROL	15	1.36
10	INTERNATIONAL JOURNAL OF ADVANCED MANUFACTURING TECHNOLOGY	14	1.27

二、研究热点的分布

1. 共引文献的网络分析

表3-3为近20年来供应链质量领域共引频率前18位的期刊论文，从引用频率分布可以看出，供应链质量领域的研究成果无论在研究内容、研究对象、研究方法等方面都相对较为分散。排在前18位的共引论文最高的频数仅有34次，为Fornell C（1981）发表在 *Journal Marketing Research* 中的论文。引用频数在20次以上的还有 Anderson J C（1988）、Baiman S（2000）、Robinson C J（2005）、Banker R D（1998）、Balachandran K R（2005）、Foster S T（2008）、Chao G H（2009）和 Kaynak H（2008）。

表3-3　供应链质量领域研究前18位共引、频率最高的作者分布（1998~2018年）

序号	主要作者	年份	频数	中心度
1	Fornell C	1981	34	0.07

续表

序号	主要作者	年份	频数	中心度
2	Anderson J C	1988	33	0.21
3	Baiman S	2000	32	0.06
4	Robinson C J	2005	31	0.17
5	Banker R D	1998	27	0.03
6	Balachandran K R	2005	23	0.03
7	Foster S T	2008	22	0.06
8	Chao G H	2009	22	0.01
9	Kaynak H	2008	20	0.02
10	Flynn B B	2005	19	0.02
11	Reyniers D J	1995	19	0.02
12	Barney J	1991	19	0.02
13	Flynn B B	2010	19	0.00
14	Frohlich M T	2001	18	0.11
15	Lee H L	1997	18	0.09
16	Podsakoff P M	2003	17	0.03
17	Rong A Y	2011	16	0.06
18	Dyer J H	1998	16	0.00

从共引文献的中心度分布来看，现有的研究文献最高的中心度期刊论文为 Anderson J C（1988）的论文，中心度为 0.21；其次为 Robinson C J（2005）、Frohlich M T（2001）、Cachon G P（2000）、Akerlof G A（1970）和 Churchill G A（1979）等学者的论文，中心度均在 0.08 以上；而其他前 20 位的期刊论文的中心度均为 0.04~0.08。这一数据说明，当前供应链质量领域的研究文献集中度不高，在研究内容、研究对象、研究方法上聚焦度不够。供应链质量领域核心文献

的共现网络体系如图 3-3 所示。

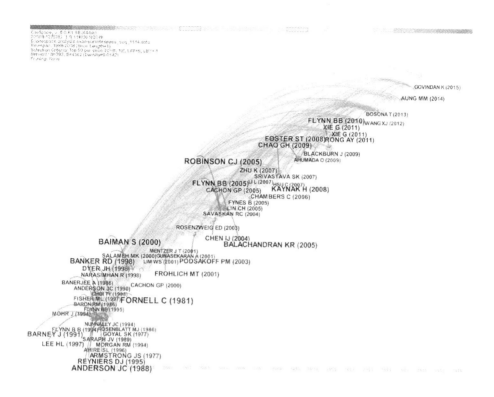

图 3-3 供应链质量领域核心文献的共现网络体系

2. 高频关键词分析

关键词，指的是一篇文章内容的核心词汇与词组，是文章主题的高度凝练与总结。一篇文章一般通过 3~5 个关键词来获取文章的研究对象与方法，对关键词进行分析可以得到研究的热点。本章运用 Citespace V 对关键词进行分析，在 Thresholds 模式下选择阈值为（4，4，15）（4，4，15）（5，5，20），得到了 426 个节点、3206 条连线（见图 3-4）。图中每个年轮表示一个节点，即意味着一个关键词，年轮的大小表示其出现的频次，节点之间的连线表示年轮之间的联系，黑色短语表示高频关键词，字体的大小反映了各关键词之间出现频次的相对高低，这些高频词汇便代表着服务供应链相关领域的研究热点。

图 3-4　供应链质量领域文献的关键词网络分布结构

通过对供应链质量领域文献的高频词汇来看（见表 3-4），管理（management）、供应链（supply chain）与供应链管理（supply chain management）出现的频次最高，分别达到了 207 次、193 次和 180 次；其后还有模型（model）、绩效（performance）、质量（quality）、系统（system）、影响（impact）、信息（information）、集成（integration）、工业（industry）、战略（strategy）、设计（design）、协调（coordination）、质量管理（quality management）等词汇，出现频数均在 50 次以上。由于本书关注的是供应链质量领域的相关研究，作为研究供应链管理系统与质量管理系统的复合系统的结构、功能及其运动规律的学科，在供应链质量研究领域中，管理与供应链管理在分析中占据高频词不足为奇；但若从学科的归属来看，供应链质量是对供应链运营过程中产品及功能服务质量的需求分析、质量设计、组织、监测以及评价、控制过程，属于供应链管理系统中的一个分支，其中供应链管理质量的基本框架（framework）和模型（model）构建、对链条整体绩效（performance）的评价标准与执行、系统（system）效率提升与协调（coordination）优化、主体之间的关系（impact）以及基于需求（demand）的设计（design）、基于质量（quality）的竞争优势（competitive advantage）塑造、质量管理（quality management）控制与提升等内容均出现在高频词汇中，且各关键词的中心度相对较高。

表3-4　供应链质量领域文献关键词频数及中心度分布

序号	频数	中心度	关键词	序号	频数	中心度	关键词
1	207	0.18	management	16	51	0.05	perspective
2	193	0.20	supply chain	17	47	0.04	framework
3	180	0.31	supply chain management	18	45	0.01	competition
4	155	0.08	model	19	44	0.07	product
5	135	0.07	performance	20	38	0.02	contract
6	111	0.12	quality	21	37	0.02	competitive advantage
7	104	0.06	system	22	36	0.01	demand
8	96	0.03	impact	23	35	0.05	network
9	73	0.10	information	24	34	0.01	policy
10	64	0.02	integration	25	31	0.00	firm performance
11	64	0.08	industry	26	31	0.01	decision
12	63	0.04	strategy	27	30	0.01	optimization
13	58	0.05	design	28	25	0.01	improvement
14	58	0.01	coordination	29	23	0.01	storage
15	55	0.06	quality management	30	21	0.01	collaboration

此外，学者们还对服务供应链以及供应链在服务业中应用的战略（strategy）、不确定性（uncertainty）、契约（contract）、创新（innovation）、优化（optimization）与选择（selection）以及服务（service）管理与基于价格（price）利益分割等问题给予了较高的关注。新时期，消费者需求已经从传统的商品质量需求转向全供应链质量的需求，加之产品服务化和服务制造业相结合的市场发展趋势，构建运作高效、质量稳定的供应链体系逐渐成为了众多服务主导型企业发展的战略抉择。

3. 关键词的中心度分析

关键词的中心度则是衡量了节点在研究领域内的转折意义和枢纽作用，代表着该研究领域的研究热点，高中心度的节点充当着整个知识网络的桥梁，是连接不同知识的中枢，扮演着基础知识的角色。从关键词中心度分布情况来看，供应链质量领域关键词中心度或频数在排序前30的词汇或短语中基本保持一致，但是部分词汇的排序有所区别。有一些词汇同时具有很高的频数与中心度，例如管理、供应链、供应链管理、绩效、质量以及信息等的频数较高，且中心度也较为集中，都在 0.07 以上，均为所有词汇中最高，说明这些研究内容不仅是供应链领域研究的热点和焦点，同时也是该研究领域的基本知识点和理论支撑。但与此同时，有部分词汇出现的频数较高，但中心度不强，比如模型（model）、影响（impact）、系统（system）、视角（perspective）等词汇，还有些关键词出现的频数不高，但中心度较强，比如运营管理（operations management）、食品安全（food safety）、环境（environment）、全面质量管理（total quality management）等。这也许有几个方面的原因：第一，词汇的普及通用性较强，导致了所出现的关键词汇中心度不高，如模型（model）等词汇；第二，关键词汇属于新概念，出现时间较晚，虽频数不高，但中心度相对较高，如服务供应链（service supply chain）等词汇。

4. 研究热点的时间演进

图 3-5 反映了供应链质量领域研究热点的时间演进路径，从时间联系维度的密度来看，学者们在不同时期阶段关注的理论热点是不一致的，具有较强的时间阶段性特征，这一现象与供应链理论体系的逐渐完善和延伸存在紧密关联。从中

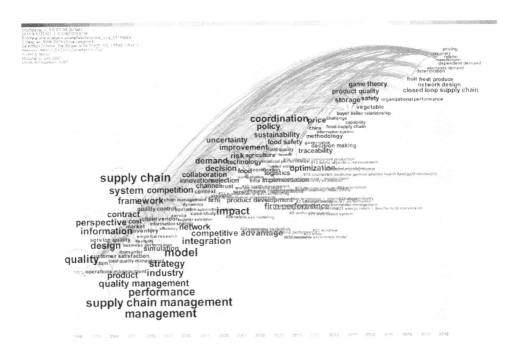

图 3-5　供应链质量领域研究文献的 Time-Zone 分布

我们可以看出存在以下几个方面的特征：①该领域的研究具有较强的时间周期性，不同时期的学者所关注的理论热点问题存在不一致的现象；②该领域的理论研究呈现出了逐步递进的联系网络，存在明显的阶段性特征，比如 1998～2004 年学者们更多关注供应链理论及其管理支撑理论的研究与探讨，质量在其中虽扮演了较为重要的角色，但仅仅是将其作为整个供应链不可或缺的组成部分进行研究，对供应链质量的研究相对较少，如对供应链和质量管理的内涵、外延界定以及影响因素的分析等方面；2005～2011 年学者们开始在前文学者关于质量的阐述和研究基础上进行延伸，将供应链质量作为一种契约、关系以及对整体供应链绩效会产生影响的核心要素加以研究，形成了系列影响力深远的研究成果，如对供应链质量的属性进行界定以及对整体供应链绩效的影响机制进行研究、关注供应链质量在整体链条合作稳定上的作用机制等问题；而从 2012 年以来，越来越多的学者开始关注质量在供应链中的关键角色，无论从产品质量、关系质量还是到战略质量等方面，学者们开始关注采用何种方法论能更好地协调供应链中不同组织的质量及其与其他变量的关系，以达到最优状态。

　　从图 3-5 和表 3-5 的数据可以看出 1998～2018 年供应链质量领域研究热点的演变历程。表 3-5 显示，1998～2018 年供应链质量领域研究的演化发展路径可以显著划分为三个阶段：

表 3-5　供应链质量领域研究文献中前 25 个突现最强的关键词分布统计

关键词	强度	开始	结束	1998～2018 年
total quality management	3.8493	1999	2006	
simulation	4.2457	2002	2011	
supply chain	5.8662	2005	2008	
supply chain management	3.133	2007	2012	
technology	5.0751	2007	2012	
logistics	4.3586	2008	2014	
vendor	4.3599	2008	2010	
chain	3.372	2009	2014	
management	4.0533	2010	2011	
integration	3.5641	2010	2011	
governance	3.4537	2010	2011	
China	3.4694	2011	2013	
food supply chain	3.4939	2012	2014	

续表

关键词	强度	开始	结束	1998~2018 年
algorithm	3.3032	2012	2013	▬▬▬▬▬▬▬▬▬▬▬▬▬
information	3.1382	2012	2014	▬▬▬▬▬▬▬▬▬▬▬▬▬
uncertainty	3.4399	2013	2018	▬▬▬▬▬▬▬▬▬▬▬▬▬
competition	6.0089	2015	2018	▬▬▬▬▬▬▬▬▬▬▬▬▬
coordination	4.1514	2015	2018	▬▬▬▬▬▬▬▬▬▬▬▬▬
product quality	3.6555	2015	2018	▬▬▬▬▬▬▬▬▬▬▬▬▬
price	3.293	2015	2016	▬▬▬▬▬▬▬▬▬▬▬▬▬
decision	3.3376	2015	2018	▬▬▬▬▬▬▬▬▬▬▬▬▬
game theory	3.6555	2015	2018	▬▬▬▬▬▬▬▬▬▬▬▬▬
demand	6.9023	2015	2018	▬▬▬▬▬▬▬▬▬▬▬▬▬
storage	7.1815	2016	2018	▬▬▬▬▬▬▬▬▬▬▬▬▬
safety	4.3151	2016	2018	▬▬▬▬▬▬▬▬▬▬▬▬▬

第一阶段，1998~2007 年，该阶段的供应链质量领域相关研究还处于起步阶段，所出现的较高突现强度与中心度较高的关键词为全面质量管理（total quality management）、供应链（supply chain）、供应链管理（supply chain management）、仿真（simulation）、技术（technology）、产品（product）、质量（quality）、契约（contract）、服务质量（service quality）、战略（strategy）和绩效（performance）等。这表明在该阶段的服务供应链文献呈现出了以下几个方面的特征：第一，该阶段文献更多的是基于传统质量管理和供应链管理理论，探讨供应链管理中的质量问题、界定供应链质量的基本内涵及在相关领域应用。第二，该阶段文献主要将质量视为一个管理的要素或部分，或将全面质量管理作为一种供应链管理方式，参照模板进行展开。第三，开始将新技术、新方法、新思想通过系统导入传统供应链管理研究视野，关注新技术在供应链网络系统集成、系统竞争力以及绩效提升方面的研究。

第二阶段：2008~2012 年，在该阶段的供应链质量领域研究中开始出现了诸如可持续（sustainability）、食品安全（food safety）、食品质量（food quality）、认证（certification）、优化（optimizaiton）、方法论（methodology）、信息系统（information system）和可追溯（traceability）等中心度相对较高的新关键词汇，以及包括物流（logistics）、供应商（vendor）、链条（chain）、管理（management）、集成（integration）、中国（China）、食品供应链（food supply chain）、算法（algorithm）和信息（information）等突现强度相对较高的关键词汇，由此可以看出，该阶段的研究文献呈现出了以下几个方面的特征：第一，学者们开始站在整体链条的视角审视质量在供应链持续发展中的重要地位。第二，将质量作为一种标准信息纳入供应链的信息系统当中，通过构建信息系统及时监测和全方位追溯质量动态信息。第三，关注食品、农业等质量高危的供应链领域，探讨构建质量导向的食品安全、质量认证、质量监测与质量控制体系。

第三阶段：2013 年以来，突现关键词显现出了数量上涨、时间持久的特征，不确定（uncertainty）、竞争力（competition）、协调（coordination）、产品质量（product quality）、价格（price）、博弈论（game theory）、需求（demand）、库存（storage）和安全（safety）、闭环供应链（closed loop supply chain）、能力（capability）、买卖关系（buyer-seller relationship）等关键词出现的突现强度大。从这些突现词汇中我们可以看出，该阶段供应链质量领域的研究更多进入了方法论和内容细化的研究阶段。学者们更多的研究是对前面所提出的科学问题的细化、解释、实证以及修正的过程。比如一部分学者开始应用博弈理论（包括微分博弈、演化博弈等分支理论）对供应链质量的演化过程和协调过程进行研究；部分学者开始关注不确定环境下，尤其是在随机需求（stochastic demand）情境下的供应链质量协调以及不同组织间的竞争问题进行了研究；部分学者将博弈、随机思维引入到农产品、生鲜食品等高质量风险行业对其供应链质量中的产品安全、质量付出和价格体系的关系进行深入的探讨。

第四节 讨论：质量在供应链中的角色

从前文的知识图谱分析可以看出，供应链质量领域的研究出现了较为明显的分层分阶分类的动态演化趋势，其中一个核心的问题就是：质量在供应链管理领域中扮演了什么样的角色？本节认为现有文献主要从三个层面予以了回答，并围绕这个中心问题不断地演化与发展，他们分别将质量视为供应链管理中的"标准""绩效"和"状态"。

一、质量是标准系，还是合同

在现有的供应链质量领域的文献中，对质量的界定一直存在争议，部分学者认为质量是一种标准，包含了产品需求和生产信息的标准系；还有学者认为质量是一种契约关系，是供应链中不同利益主体间通过有形合同或无形契约建立起的具有相互约束的关系质量。

最早研究供应链质量的学者将质量作为一种设计、组织、管理和控制供应链的标准系，基于流程视角，分别从设计、制造、生产、物流、销售等流程对供应链的质量标准进行研究。这类标准系研究大致可以分为三大类：第一，研究国际标准化组织标准信息在供应链中的应用、评价及相关性研究。Sroufe 和 Curkovic（2008）基于国际标准化组织提出的 ISO9000：2000 质量标准体系，对供应链中的应用进行了研究，针对外部环境带来的风险、不稳定性和成本增加等方面影响质量的潜在因素进行了研究，并通过汽车行业的实例分析，比较了供应链中不同数量的质量标准集成和质量保证体系的建设问题。Foster 等（2011）发现运营经理更倾向于通过质量标准（ISO9000 和供应商评估）等程序化、标准化的方式管理供应链，而供应链管理者更多将质量视为一种关系质量，而非标准加以管理。Li 等（2011）认为采用 ISO9000 系列等质量标准的目的是帮助企业开发和维护满足某些性能指标（如供应链操作参考模型提供的指标）的供应链流程。第二，基于内部流程以及制度体系建设研究质量标准体系的设计、开发、组织与应用。Hanf 和 Gagalyuk（2009）阐述了基础设施和制度体系下质量标准的建立是供应链管理中的关键和挑战，尤其是对转型中的连锁企业而言，建立科学的质量标准体系对其供应链网络建设有极大帮助。Csikai（2011）以动物饲料生产行业为分析对象，将质量视为供应链协调中的基本标准，认为质量标准的存在能为供应链带来更一致的产品质量、更低的口粮成本、计划的准确性、原料采购决策的支持、更好的可追溯性、供应商绩效的改进以及内部质量管理流程。第三，从供应链外部环境的要求及需求设计、开发、组织与控制供应链质量。Xu（2011）将质量视为一种信息标准，分析了构建质量标准信息体系对整个供应链质量管理的现实意义，认为可以充分利用 SOA、RFID、IoT 等技术推进供应链在跨组织中的标准信息体系建设，以此构建供应链质量标准的协同，这也是供应链稳定合作关系建立的基础。Kuei 等（2011）认为建设全球供应链管理体系中，构建统一的国际质量标准是协调合作的前提，应将质量作为一种标准纳入全球供应链的战略层面进行规划与设计。Djobet 等（2017）认为药物疗效和安全性评估是成功治疗结果的重要保证，质量成为了医药行业供应链关键要素，以喀麦隆等发展中国家为例，分析了药物质量标准建立对医疗供应链建设的重要性，建立良好的质量标准和持续质量控制与保障监测能很好地促进医药供应链的持续发展与配方创新。

Song 等（2017）提出了内部质量管理和外部质量管理两种供应链质量管理功能，以食品供应链为实例，检验了通过食品质量标准认证和外部市场声誉建设对两种供应链质量管理功能的影响机制，认为质量标准是供应链质量的核心内容，是持续发展的根基。

另一部分学者认为标准信息仅仅是供应链质量的基础，其重要的角色在于供应链跨组织结构中的关系纽带，将其视为供应链供需参与方之间缔约的合理性和科学性的关键衡量指标，即供应链中产品/服务质量是基础，但参与方之间的关系才是供应链质量的根本，应构建一个强契约约束对参与方之间的关系以及行为进行规范和有序化促进。

二、质量与绩效，谁是供应链的上帝

近十年来越来越多的学者围绕质量与绩效的关系展开了深入的研究，但目前学术界还没有一个统一明确的结果。一部分学者认为，质量是绩效的重要组成部分，Li 等（2011）以获得 ISO9000 认证的 232 家公司的调查数据为基础，结合供应链过程中的质量保证措施，将 SCOR 模型扩展至计划、来源、制作、交付和返回五个决策领域，对供应链质量对整体绩效的影响机制进行了研究，认为每一个决策区域分别对面向客户的供应链质量绩效和面向企业内部的业务绩效都有正向影响，且不同决策区域在质量和绩效间发挥着不一样的效应。Liapis 等（2013）将质量视为一种绩效，以燃料供应链为对象和实例，分析了由于缺乏全面质量管理（TQM）而导致的燃料产品质量失败的相关成本，认为供应链质量直接影响着整体绩效。Lin 等（2013）分析了供应链质量管理的内容、结构框架和绩效影响机制，将质量视同为绩效的重要表现方法和实现路径。Zeng 等（2013）认为对供应链而言质量就等同于绩效，将供应链质量管理分为内部质量管理、上游质量管理和下游质量管理三个维度，采用结构方程模型对维度间的关系和纽带进行测试，发现内部质量管理在 SCQM 中占据主导地位，对 SCQM 的其他维度和两种质量绩效都有积极影响，认为下游 QM 可以调节内部 QM 与客户满意度之间的关系，而上游 QM 对两种类型的质量绩效都没有直接影响。Huo 等（2014）基于供应链绩效视角，将质量管理从单个公司的角度扩展到供应链的角度，提出了包括内部、供应商和客户的质量改进集成在内的供应链质量集成概念，并通过跨国样本测试，揭示了不同类型的 SCQI 与质量绩效之间的关系，并强调内部质量集成是质量改进的核心战略资源。为供应链质量管理人员提供了重要的管理见解，以提高与质量相关的绩效。Zhong 等（2016）将质量视为绩效的一部分，以中国酒店业供应链质量为研究对象，强调质量管理（QM）与供应链管理（SCM）协同作用的重要性，运用结构方程模型分析了 QM 实践、SCM 实践、SCQ 和酒店绩效之间的关系，验证了质量对供应链绩效的贡献。

另一部分学者认为，绩效是质量不可或缺的一部分，绩效是质量的物质、能量和信息的整合输入，质量是绩效转换的最终结果呈现。Siddh 等（2017）认为绩效是质量不可分割的一部分，以生鲜农产品供应链为例，将供应链中如可持续发展管理、信息管理、物流管理、协作和协调管理、战略管理、需求管理、库存管理、食品安全、性能管理、供应链整合、供应商管理、质量管理等与绩效相关的问题都归属在供应链质量范围内，认为绩效是质量的输入，质量是绩效的输出。Soares 等（2017）根据现有文献强调，对于供应链质量管理（SCQM）实践对质量的绩效影响的理论基础和相关实证证据，运营和供应链管理学者之间明显缺乏共识，通过实证检验 SCQM 实践与质量绩效结果之间的关系来纠正文献中的这种不平衡，认为真实和可持续的质量绩效通常需要对供应链合作伙伴之间的企业内部和企业之间的关系给予同等的关注，如果企业要顺利地向客户提供高质量的产品和服务，就必须对整个供应链的质量进行有效的管理。Hong 等（2018）通过分析供应链质量管理实践（SCQMP）与 KT 之间的关系，为提高绩效提供见解。他通过对 157 家中国制造企业的调查，验证了 SCQMP、KT 与组织绩效（包括经营绩效和创新绩效）之间关系的概念模型，发现了内部 QMP 对内部 KT 有显著的正向影响，而供应链层面的 QMP 对跨组织 KT 有显著的正向影响。Yu 和 Huo（2018）从供应链整体的角度出发研究了关系资本对供应链质量集成（SC-QI）和运营绩效的影响，发现除了内部关系资本对客户质量集成的影响不显著外，供应商、内部和客户关系资本对供应商、内部和客户质量集成的影响是积极的，从而提高了运营绩效。

本书认为，随着客户、服务双重主导逻辑时代的到来，满足客户的服务需求成为供应链管理中的核心问题，供应链质量应建立在客户需求和满意度基础上，因此有外部质量拉动的内部绩效体系优化将成为未来学术研究和实践中的重点。绩效是反映内部合作、运营、协调间效率的最终表达，质量是供应链满足顾客需求的标的。两者缺一不可，如果只有绩效，没有质量，只能产生更多的无效供给，供应链将无法持续生存与发展；而只有质量，没有绩效，终会落入"巧妇难为无米之炊"的境地，这样的供应链也将是难以维系的。因此，供应链质量是一个系统工程，如何构建质量拉动绩效的耦合机制，两者之间是否存在耗散结构，如何实现在质量与绩效间的均衡，推动供应链的持续发展等是未来供应链质量领域中亟须探讨的焦点问题。

三、质量是参数，还是变量

质量是一种状态。将其视为一种状态值，考虑服务质量的供应链协同、优化与改进。近年来，一些学者开始将质量要素纳入服务供应链优化研究，将质量偏好和交互纳入服务供应链优化体系当中，探讨考虑公平关切、服务保障和质量努力等质量要素的服务供应链协同和优化问题。Anderson 和 Edward（2010）开发了两阶段人员配置模型分析定制服务供应链的动态行为，发现只要信息是共享的，满足对方质量需求，在许多情况下分散控制不会显著恶化性能。Liu 等（2013）研究了物流服务供应链中质量在服务提供商和服务集成商之间的重要性和决策模式，发现服务提供商的最优质量缺陷保证随着客户惩罚的增加而增加，随着客户对质量缺陷保证的需求弹性的增加而减小；服务集成商的最佳质量监督工作是客户惩罚和客户需求弹性对质量缺陷保证的增加作用。同时，也提出了一种基于单周期质量的多周期质量协调模型在两级物流服务供应链协调模型，在物流服务集成商（LSI）受到惩罚时在三级 LSSC 中建立新模型，发现在多周期协作条件下，当惩罚强度低于临界值时，LSI 倾向于做出快速决策（Liu et al.，2013）。Liu 等（2015）在由物流服务集成商（LSI）和功能物流服务提供商（FLSP）组成的 LSSC 中建立了基于混合策略纳什均衡的服务供应链质量监督和控制博弈模型，讨论了各种风险态度组合对 LSI 监管概率和 FLSP 合规概率的影响。Zhang Cuihua 等（2015）考虑了服务供应链（SSC）中两个成员的服务质量偏好行为，包括服务集成商和具有随机需求的服务提供商，在综合和分散的 SSC 中建立了服务质量努力程度和服务质量偏好水平的效用函数，并构建了基于纳什均衡和量子博弈的服务供应链优化模型。通过比较不同的解决方案，寻找在质量偏好的 SSC 中获得最优策略。Xia 等（2015）基于服务水平和合作质量视角构建了一个理论模型来分析呼叫中心服务供应链中的竞争策略，并创建了一个汇总多个合同质量参数的索引用于分割呼叫中心市场以及估计均衡时的合约价格和预测合作价值。Boon-itt 等（2017）基于服务质量构成将 SSCM 过程能力划分为七个维度，开发和验证了 SSCM 过程能力结构的测量尺度，并运用因子分析和 Q-sort 方法进行了改进。Yildirim Cansu 等（2018）从服务供应链的视角，采用 2×2×3 受试者之间的实验设计和 12 种不同的情景探讨服务失败（SF）、良好的先前经验（GPE）和恢复对旅游服务供应链（TSSC）中多代理商的整体客户满意度和回购意图的影响。它专注于内部和外部的故障和恢复。Liu 等（2018）考虑了

LSI 和 FLSP 包括质量在内的利他偏好，利用 Stackelberg 博弈建立了四种投资决策模型，分析了不同情境下通过事后支付合同和"收益分享+特许经营费"合同来解决这个问题的基本路径。Zhang 等（2018）采用基于生物地理学的优化（BBO）算法与直觉模糊熵权（IFEW）方法相结合的混合方法，提出了一种新的模糊质量服务（QoS）感知多目标数学模型，用于评估四个制造服务供应链的全局 QoS 值，以有效地解决制造服务供应链优化（MSSCO）问题。Zhang 等（2018）将社会责任、服务价格和质量偏好三个要素纳入服务供应链的最优策略，分析了两层博弈结构和决策模型的八种不同场景，并基于博弈论，得到了 SSC 的最优策略，认为质量偏好对不同约束条件下的最优策略和成员效用有影响。Du 和 Han（2018）考虑价格和质量敏感物流服务市场，建立了一个没有公平关注的基本模型，然后基于该模型构建了一个具有公平性的分散物流服务供应链新模型，在三种不同情况下，分析了具有公平性的物流服务供应链最优决策。Xie 等（2018）以缓解服务供应链不同主体合作间的质量差为目标，建立了 Stackelberg 博弈来研究双通道闭环供应链协同机制，认为通过合理设定收益分享比例和成本分摊比例，可以增加供应链成员在线上和线下渠道的利润；建立以质量稳定水平为导向的双渠道 CLSC 中的收益共享成本分摊机制可以增加零售商在维修和回收方面的努力。Kumar 等（2010）建立了一个由国家品牌制造商和一个独立制造商组成的供应链模型，这两个制造商都是单个零售商潜在的商店品牌供应商，分析了质量对零售商在面对两类消费群体决策的作用机制，发现了不同群体对质量状态的偏好会显著影响零售商对供应商的选择与决策。Csikai（2011）以饲料生产行业为分析对象，将质量视为供应链协调中的一类标准信息，采用不同概率水平的线性规划和随机规划方法，进行了整体供应链的设计与优化，强调质量管理是产品研发和配方体系的集成，是供应链持续发展的根基。Liu 等（2012）将质量视为一种动态变量，开发了一个 Petri 网模型（PNCA）分析复杂产品的质量冲突及解决方案，在参与者有限理性的前提假设下，运用新的图形模型管理复杂产品的供应链质量。Kim 等（2016）将质量视为一种效率值，通过数据包络分析对采购方和供应商进行分组，对供应链质量管理（SCQM）的效率进行了分析，并从供应商的角度对影响 SCQM 效率的各个方面进行了实证分析，不同组别之间在影响因素和效率机制上存在较大的差异性。

本章小结

  本章围绕"质量在供应链中扮演了什么角色"这一中心问题，对 1998～2018 年供应链质量领域的文献研究进行计量分析，梳理了该领域研究热点及其演进脉络和未来可能的研究前沿领域，发现目前供应链质量领域研究呈现如下特点：第一，从研究热度来看，学者们对供应链质量领域的研究呈现出上涨趋势，研究成果不断增加，已逐渐成为了供应链领域、工业工程以及管理科学领域中的重要分支和前沿方向。第二，从研究所关注的内容、热点以及关键词突现情况来看，已从最初的供应链质量管理的定义、内涵以及影响因素逐步拓展到供应链质量的模型、优化以及跨组织的系统，呈现出了学科交叉与知识深入的发展趋势。第三，从研究内容来看，学者们围绕"供应链质量的角色"进行了探讨，且存在三个方面的分歧：质量是标准还是合同？质量与绩效，谁是上帝？质量是参数还是变量？

  综观当前供应链质量领域的研究文献，呈现出了供应链质量潜变量化、质量稳态化和质量学习态三个发展趋势：第一，质量经济时代的到来，质量在未来供应链管理与发展中扮演的角色会越来越重要，质量对供应链系统的影响作用机制、质量系统与供应链其他系统的耦合、供应链质量系统的耗散结构等问题将成为供应链质量领域关注的重点，尤其是以质量要素在供应链耗散系统结构中的熵值效应为代表的供应链质量潜变量化可能会成为学者们关注的重要方向。第二，供应链系统是一个跨组织动态系统，不同组织之间存在异质性决策主体，质量在跨组织的供应链结构中到底扮演"黏合剂"还是"催化剂"或是"膨胀剂"等何种角色，如何实现跨组织间的质量稳态，进而促进供应链参与方利益均衡，也许是下一阶段供应链质量领域急需探讨的重要话题。第三，随着大数据决策、深度学习、物联溯源等信息技术的普及，如何运营大数据、机器学习、深度学习、物联传感等先进技术构建供应链质量监测、评价和反馈改进体系，如何智能决策供应链质量与整体供应链参与方的协同等主题，将成为未来供应链质量领域研究的核心与关键。

第四章 新零售服务供应链的界定

第一节 引 言

新零售作为一种典型的服务经济形态，是一个服务供应的过程，"新零售"的出现，是当前互联网时代的必然产物。其追求的目标其实就是线上线下及物流等多方面的融合，在打破原有边界的基础上，使消费者购物更加便利的同时产生美好的心理联想，并满足消费者的沟通与情感需求，从而形成重复购买的良性循环。对新零售服务供应链来说，供给侧结构性改革的核心是推出更能满足需求的好产品和服务，不断优化服务供给效率与质量，解决供给与需求的不匹配问题。质量的优化必将促进零售商继续向商业本质转型，加强商品创新、业态创新、供应链优化；同时促进零售商、供应商、客户关系创新升级。尤其在以"互联网+"为基点的今天，零售业正加速由实体、电商等不同类别的业态转变成全渠道发展的新业态；正由商品销售向用户服务演进，其核心是通过电商渠道与承载大数据、云计算的大平台融合支撑实现由销售转变为用户体验，这是未来业态升级的发展方向。

目前，互联网、全渠道已经成为近年来服务管理与服务创新研究的侧重和焦点，国内外学者已经开始出现类似的经典文献。"新零售"是近年来才提出来的一种新商业形态，服务供应链也是近年来学者们较为关注的一个热点话题。现有新零售更多的是关注单个企业或服务链条中某个节点的运营问题，往往会陷入"只见树木，不见森林"的策略陷阱，不利于系统研究新零售发展中的问题以及优化等问题。因此目前的研究主题更多集中于"商业模式""内部效率""财务金融""社会冲突"等方面。本书融合新零售与服务供应链，提出"新零售服务供应链"（New Retail Service Supply Chain，NRSSC）的概念，以"新零售服务供应链"为研究对象，从文献梳理出发，基于服务供应链、全渠道理论对当前新零售运作过程中存在的诸多问题进行阐述，提出了新零售服务供应链（NRSSC）理论，系统分析新零售服务供应链的系统结构。从互联网视角给出了一个 NRSSC 理论的分析框架，运用纳什博弈模型，基于经济（Economic）、社会（Social）和环境（Environmental）三个目标约束条件，分析 SSSC 系统中服务提供商、服务集成商和服务运营商三个参与主体的均衡决策条件，构建考虑生态与质量约束的NRSSC 均衡决策模型，对进一步深入理解这种新的商业形态和商业趋势有着重要意义，为政府、企业以及消费者做出更好的决策参考提供理论支撑，同样也是当前学界亟待探讨的理论和现实命题。

第二节　新零售的内涵与外延

一、全渠道零售的来由

随着互联网技术的发展，使得消费者获取信息更加容易，企业变动价格的成本也更加低，很多传统企业也在改变传统的销售方式，逐渐开始发展电子商务渠道，或者自建网络直销渠道，或者加入 B2C 平台或者 B2B 平台。全渠道时代的来临，学者们不再拘泥于单个渠道的研究，全渠道零售开始得到重视。目前理论界对其研究较为丰富，国内外大多数学者对于其概念的研究已经基本形成一个体系（见表4-1）。全渠道零售的概念首次被提出是在 2011 年，Darrell（2011）在《哈佛商业评论》发表一篇名为"The Future of Shopping"的文章，其中提出随着形势的改变，数字化零售正在逐渐被改变，迫切地需要一个新的概念来定义它，即"Omni-channel Retailing"，零售企业能高度整合越来越多的零售渠道类型包括实体店、网络商店、智能终端、移动应用、社交媒体等与消费者进行互动。

表4-1　"全渠道零售"的含义

学者（年份）	观点
Harris（2012）	从零售商角度来说，全渠道零售是指企业能无缝地整合其拥有的所有渠道，尽可能以最有效和最有益的方式将产品或服务传递给消费者

续表

学者（年份）	观点
Frazer 和 Stiehler（2014）	对于消费者，一个真正的全渠道体验将意味着一次交易可以跨越多个渠道
李飞（2014）	全渠道零售的概念要从社会视角和企业视角两个方面去理解阐述，从社会视角看，全渠道零售是一种社会现象；从企业视角出发，全渠道零售则是企业在零售战略上关于零售渠道布局的决策。目前，全渠道模式下的零售渠道主要有三种形式：有形店铺、无形店铺以及信息媒体
齐永智和张梦霞（2014）	全渠道零售模式是由单渠道零售模式到多渠道零售模式再到跨渠道零售模式的演变的结果
李春发（2016）	O2M 全渠道零售模式主要由零售渠道、网络直销与移动互联网直销构成
石志红（2018）	全渠道零售是指商业企业采取实体店、电子商务和移动电子商务进行渠道的组合和整合的方式来销售商品和服务，以便更好地满足消费者全天候、全空间和个性化的购物需求，为消费者提供无差别的购物体验，以满足顾客的综合需求

随着全渠道零售模式的兴起，以全渠道为背景的相关研究也逐渐增多，学者们从不同的角度分析了在全渠道零售的背景下，企业的发展与运营问题，经过梳理，发现主要集中在企业面临的机遇与挑战，全渠道零售的构建策略以及全渠道零售发展市场策略等相关方面（见表 4-2）。

表 4-2 "全渠道零售"相关研究

学者（年份）	观点
Aubrey 和 Judge（2012）	为了企业品牌战略与创新的发展，同时迎合消费者的品牌偏好，赢得他们的忠诚，企业应该采用全渠道零售战略
Brynjolfsson（2013）	随着技术的发展，全渠道时代的到来，零售商的实体渠道与网络渠道之间的界限逐渐模糊化，供应链的上下游都应该重新考虑竞争策略
Dorman（2013）	通过对服装实体店的投资、实际人流量以及企业盈利方面的研究，指出全渠道零售的运营中不能只注重电子商务渠道，也要加强实体店经营，实体店经营更为重要
Juaneda-Ayensa 等（2016）	通过对服装店消费者线上线下行为的分析，从技术的接受程度和使用倾向性两个方面进行研究，结论显示在全渠道零售模式的影响下，全渠道购买意向受个人创造力、努力期望、绩效期望等因素的影响
刘向东（2014）	消费者往往通过全渠道"接触点"获取交易信息并完成购物行为。随着时代的发展，零售业开展全渠道商业模式具有必然性，并提出"商品+服务"是全渠道模式的基础
李春发（2016）	提出考虑零售商努力水平的消费者渠道选择模型，并在此基础上通过比较零售商线上和线下两种渠道的定价决策、产品需求以及渠道效率，证明了 O2M 全渠道零售模式比 O2O 双渠道模式更能增加零售利润

续表

学者（年份）	观点
石志红（2018）	全渠道零售是指商业企业采取实体店、电子商务和移动电子商务进行渠道的组合和整合的方式来销售商品和服务，以便更好地满足消费者全天候、全空间和个性化的购物需求，为消费者提供无差别的购物体验，以满足顾客的综合需求

通过梳理国内外全渠道零售领域的相关研究，可以发现：国内外对于全渠道零售的研究较为丰富，初步梳理出了全渠道零售的发展动因和影响作用，以及企业面临的挑战和实践中存在的问题。但研究的重点更加侧重于以全渠道零售为背景的企业运营问题，从零售商和消费者两个不同的角度分析全渠道零售所带来的机遇与挑战，但更多地忽视了全渠道零售与服务供应链条的关系，还没有形成系统思想。

二、新零售的界定

自 2016 年"新零售"概念提出以来，学者们便展开了广泛的讨论与思考，在新零售时代下，传统零售行业如何调整自身角色，变革现有模式，与线上线下进行深度融合，继而提升服务质量"新零售"能否补平电商短板，走出"电商瓶颈"等问题得到了大多数学者的关注。新零售（New Retailing）是在 O2O 模式基础上发展起来的一个新名词，它在一定程度上继承了 O2O 模式的特性，同时也提出了新的要求。随着互联网经济的发展，线上线下或是全渠道的概念已经无法准确描述当下新型的零售环境，其内涵应该更丰富。学者们随即展开了研究，从不同的角度对"新零售"的概念进行了界定（见表4-3）。

表 4-3 "新零售"相关研究

学者（年份）	观点
中国流通三十人论坛秘书处（2017）	"新零售"不仅是线上线下的融合，更是以互联网、物联网、人工智能、大数据等领先技术为驱动，面向线上线下全客群提供全渠道、全品类、全时段、全体验的新型零售的模式
杜睿云等（2017）	"新零售"是指企业以互联网为依托，运用大数据、人工智能等先进技术手段，对商品的生产、流通与销售过程进行升级改造，进而重塑业态结构与生态圈，并对线上服务、线下体验及现代物流进行深度融合的零售新模式
赵树梅等（2017）	"新零售"是区别于传统零售的一种新型零售业态，是指企业应用先进的互联网思维和技术，对传统零售方式加以改良和创新，以最新的理念和思维为指导，将货物和服务出售给最终消费者的所有活动

学者（年份）	观点
王宝义（2017）	"新零售"是零售本质的回归，是在数据驱动和消费升级时代，以全渠道和泛零售形态更好地满足消费者购物、娱乐、社交多维一体需求的综合零售业态
蒋亚萍（2017）	"新零售"是以互联网技术为手段，线上线下相结合，架构"店商+电商"的经营格局，实现零售创新
鄢章华和刘蕾（2017）	"新零售"需要结合新的营销理论，从新业态、新人群、新品牌、新技术等维度，重新构建人、货、场之间的关系
徐印州和林梨奎（2017）	全渠道营销、个性化精准服务和"社交+体验"平台将成为"新零售"商业模式的重要发展方向
王坤等（2018）	"新零售"实则是倡导有关企业做到线上、线下与移动渠道相结合，以三者合力促进价格消费向价值消费全面转型——新技术、新思维、新物流。新零售的核心就是渠道、技术变革带来的经济效率提升与社会效益增加，一方面表现为零售商库存和消费者支付等成本的降低，另一方面体现为中间环节减少、客户体验提升以及物流交付更加便捷等

通过梳理发现，"新零售"逐渐被人们所认识。相关的理论研究还较少，理论界对其也没有形成统一的认识。现有研究主要集中在新零售的内涵、发展路径及实践动态等方面。通过对国外文献检索发现，国外的相关研究更是少之又少，国外学者对零售业的研究主要聚焦于已设立企业生存与保持竞争力的关键要素，并没有侧重于"新零售"的研究。

三、零售服务供应链的定义

制造企业的供应链冲破了制造业的边界，向服务业延伸。由此，也催生了学术界对供应链的好奇心和研究热情。2000 年以来，一些学者已无法满足供应链理论在制造业取得的卓越成效，开始将其延伸到服务业中，为供应链研究打开了新世界——服务供应链。综观以往的研究，服务供应链理论已经应用于物流服务、软件外包、旅游、航空、医疗等领域，相关行业的供应链研究已经十分成熟，经过梳理，我们发现，早期学者们并未关注到零售与服务供应链的融合与交叉，仍将重点放在具体服务行业中。对传统服务供应链的概念、传统服务供应链管理模型以及服务供应链的应用与管理等方面进行了分析。Edward 等（2000）最早从服务过程的视角对服务供应链进行了研究，提出服务供应链是指服务生产中的不同生产主体之间的一种供应需求关系；随后，学者们从不同的行业出发，对传统服务供应链提出了不同的定义。随着研究的深入，学者们将研究方向逐渐转向了服务供应链的管理模型上，如何构建高效的服务供应链成为研究的重点。

目前主要有三个较为主流的服务供应链模型（Hewlett-Packard 供应链模型、SCOR 模型和 GSCF 模型）；Baltacioglu（2007）在产品供应链 SCOR 模型和 Ellram 服务供应链模型的基础上，提出了新的服务供应链模型 IUE-SSCM；另外，国内外学者从不同行业、不同视角出发，对服务供应链协调和优化机制以及相关影响因素进行了分析，一部分学者从服务供应链的角度定量研究了不同行业中应用基础设施提供商与应用服务提供商之间的协调机制。

大数据时代，人们的消费观念和消费方式发生了与时俱进的改变。随着互联网、电子商务、移动互联网和社交媒体的迅速发展，越来越多消费者的购物渠道不再仅仅局限于线下实体渠道，人们开始更多地追求个性化需求，消费方式的多样化和便利化，使得消费者更多地通过线上渠道进行购物，越来越多的零售企业开始在原有的销售渠道基础上引入电子商务。技术的进步导致消费群体演变为线上消费群体或是全渠道消费群体，这样的群体变化最终导致了零售渠道的演变。随着零售渠道的多样化，多渠道时代的来临，学者们逐渐开始关注线上零售背景下服务供应链的构成与优化问题。张子健等（2016）通过构建零售企业全渠道供应链分析了零售企业由以制造商节点为中心的供应链结构向以零售商自身为核心的供应链结构的转变，其认为全渠道供应链能够在根本上提高零售企业的核心竞争力，能有效降低运营成本、加强服务水平。王法涛等（2013）提出线上零售是现代服务业的重要组成部分，通过线上零售的服务供应链模型来分析其运营模式与协同机制是时代的必然。同时提出了以网上零售服务提供商为核心，构建包含产品供应商和物流服务提供商的服务供应链结构。

综上所述，综观现有的文献，关于服务供应链的研究已经十分成熟，但服务供应链在零售行业还是处于探索阶段。仅有少量的文献基于互联网时代对线上零售服务供应链进行了分析，而对于基于全渠道理论的新零售服务供应链的研究更少。同时党的十九大报告也明确指出要在现代供应链等领域培育新的增长点、形成新动能，提出要加快供应链创新，建设现代供应链。新零售是服务供应的过程链条，其所追求的目标是通过线上、线下及物流多方面的融合，在打破原有边界的基础上，使消费者购物更加便利的同时产生美好的心理联想，并满足消费者的沟通与情感需求，从而形成重复购买的良性循环。

第三节　新零售服务供应链：基于全渠道视角的生态分析框架

一、新零售服务供应链

本书将结合"新零售"和"服务供应链"的理论阐述，从内涵、外延两个维度界定新零售服务供应链，将新零售服务供应链定义为：为了满足终端消费者的服务需求，以新零售企业为核心企业，集成前端服务提供商的功能服务和有形产品，由零售服务集成商将包括产品、功能服务及相关服务在内的服务包配送或传递至终端消费者的供应链条，其由功能服务提供商（FSS）、新零售服务集成商（NRSI）和消费者（RSC）组成。其中，功能服务提供商主要由生产制造、物流配送和信息技术三个主功能提供商构成，而各个主功能服务提供商又集合了若干个子模块功能，形成了一个以服务为主导，追求高效柔性、敏捷快速的网状闭环供应链系统。其与传统的供应链结构不一样，其运营模式更多采用市场拉动型，具有完全反应型供应链特征；在供应链协调的主要内容上更多的是服务能力协调、服务计划协调等；在稳定性方面服务供应链的稳定度较低，原因是最终客户的不稳定性和异质化的客户服务需求使服务企业所选择的服务供应商会随需求的变化而及时调整；另外，从服务链结构来看，可以将新零售服务供应链划分为以在线信息集成及交易为主的线上服务供应与以线下用户体验与质量供给为主的线下服务供应两个运营阶段，并对各自阶段的系统结构进行分析。

二、新零售服务供应链的系统结构

对新零售服务供应链系统结构的分析，是对其质量稳态机制和协调机制研究的基础。目前学术界对新零售服务供应链的界定和理解还相对模糊。新零售服务供应链是一个典型的复杂系统，其由线上网购服务供应链和线下零售服务供应链两个部分组成。与传统单一情形下的服务供应链相比，其在协同机制与优化目标等方面更为复杂。如何定义新零售服务供应链的内涵，描述新零售服务供应链的系统结构、协同机理以及自组织演化机理，自然也就成为了本书研究的基础。

从服务供应链的系统结构来看，新零售服务供应链可以划分为以在线信息集成及交易为主的线上服务供应与以线下用户体验与质量供给为主的线下服务供应两个运营阶段，其中，线上服务供应阶段考虑由产品或服务提供商、信息集成商以及消费者/顾客组成的在线信息集成服务供应链。在第一阶段由服务集成商、服务提供商和消费者/顾客三个主体构成，其中，服务集成商负责整个链条的信息、资源集成，其根据未来一段时期对市场预期的判断以及自身能力的估测，制定该周期的供需平衡信息，并向产品制造商或服务设计方发出供需、订货信息，生产服务集成商根据服务集成商所需的产品或服务内容采用定制方式进行生产，在这个阶段的关键在于参与主体间的信息集成与传递，是一条以服务信息集成为主导的服务供应链。第二阶段由服务提供商、服务运营商和消费者/顾客三个主体构成，主要以提供有效的产品质量保证和具有较好交互体验感为中心的服务供应过程。其中，服务提供商将服务集成商订制生产形成的产品或服务，直接交予服务运营方；而服务运营商根据服务集成商的供需信息，对新零售服务的选址、路线设计、运营计划、执行安排以及质量控制等方面进行及时的调度与管理，向消费者/顾客交付体验更高、服务质量更好的新零售服务内容；与此同时，服务运营商也根据服务运营中产品或服务存在的问题进行逆向物流活动，将过程中出现质量问题以及损耗或破损的产品/服务包返回至服务提供商进行维护与重新设计。综观两个阶段的系统构成，可以看出在共享服务供应链中，是以服务集成商的服务信息集成为核心，以全链条生态质量供应为发展主旨，以提供质量交互为主导的服务供应链系统（见图4-1）。

三、新零售服务供应链：基于互联网视角的全渠道分析框架

随着互联网、移动互联网和社交时代在整个社会中的不断发展与进步，传统的零售企业日益受到冲击，不断下滑的经营业绩迫使其改变现有的零售渠道模式，思考并创新适应这个新时代的渠道营销新模式。在传统的供应链理论体系中，关注点在于供应链条中参与企业及主体间的经济利益的最大化和均衡，而时至今日，随着世界经济体系的日益开放，越来越多学者和企业发现，单单依靠经济利益来锁定上游和下游合作企业，实现稳定发展，在实践中已越来越行不通了。实现服务供应链的可持续、生态发展成为了越来越多企业所追求的目标。本书基于互联网视角的全渠道分析框架，来分析新零售服务供应链的可持续发展。Cater 和 Roger（2008）认为组织实现可持续发展必须处理好发展过程中的三重底线（Triple Bottom Lines，TBLs），即经济（economic）、社会（social）和环境（environmental），提出了基于 TBLs 视角的可持续供应链模型，认为供应链的可

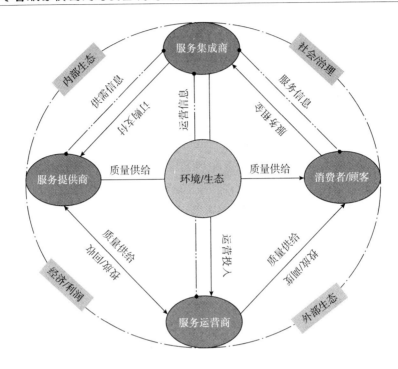

图 4-1　新零售服务供应链的系统结构示意图

持续发展必须在"经济—社会—环境"三重底线约束下才能得以实现。同时，新零售服务供应链可持续发展的关键在于对新零售服务供应链的质量稳态进行系统决策，构建基于 TBLs 约束的生态系统，在系统中建立以环境（生态）为中心，关注服务提供商、服务集成商、服务消费者等各参与方的高质量交互关系搭建，实现参与主体经济上持续获利的服务供应系统，以满足消费者需求，实现社会福利最大化为目标。

　　基于互联网视角的全渠道分析框架，对新零售服务供应链内部利益体的经济关系进行分析研究。新零售服务供应链的内部利益体主要包括服务提供商（SS）、服务集成商（SI）和服务运营商（SO）。服务提供商通过参与预测、设计、制造与质量控制生产向下游参与方提供服务产品（service product）。服务集成商是新零售服务供应链的中心，其集聚了服务供应链决策的所有资源与信息，其通过参与设计、开发、信息平台建设与集成等活动向上下游参与方提供服务平台（service platform）。服务运营方则通过参与设计、运营、调度与维护等职能向上下游参与方提供具体的服务内容运营（service operation）。制造商根据集成商供需信息和开发要求进行产品设计与生产，并将服务产品直接交付给服务运营商，直接参与到市场调度与运营当中，而非像传统供应链的多级物流结构；服务集成商利用其服务平台，及时跟踪生产、消费、调度信息，向消费者/顾客直接提供信息服务；服务运营商将服务提供商供给的服务产品按照集成商提供的集成决策信息，对具体服务市场进行运营与服务产品调度，并将消费过程中出现的缺陷服务产品及服务问题返回服务提供商和服务集成商，进行产品系统维护与服务补救。

在新零售服务供应链的内部运作流程中，服务集成商分别向服务提供商以订单采购方式予以经济利益的交割，向服务运营商以运营投入方式予以经济利益的分配。新零售服务供应链内部关系，更多体现在参与方之间的经济利益均衡方面，决策目标更多依赖于参与方经济利润的获取上，自然"降本增效"所呈现出的经济性就成为新零售服务供应链内部利益体的基本利益诉求。在此种条件下，服务提供商关注的是服务集成商所提出的服务产品采购价格、订单规模和生产成本；服务集成商关注的是服务产品采购批量与讨价还价空间、市场服务价格策略、服务体系建设成本；服务运营商关注的则是服务产品的市场价格策略、集成商提供激励政策以及自身服务体系的运营成本。因此，顾客主导下的服务关系要求服务提供商、服务集成商和服务运营商加大服务投入，提升服务质量，满足顾客需求，实现服务产品的持续消费行为。

第四节　考虑 TBLs 约束下的新零售服务供应链系统模型

一、模型假设与说明

本节考虑由服务提供商、服务集成商以及服务运营商构成的三级新零售服务供应链均衡模型。假定服务提供商按照服务集成商的需求信息，采购生产原材料及零部件，按照 JIT 的方式制订自己的生产计划，制造出服务集成商所需数量的服务产品；而服务运营商则按照服务集成商提供的用户需求信息，制订服务运营计划，向最终消费者和顾客提供精准的服务。模型由 M 个服务提供商、N 个服务集成商以及 O 个服务运营商构成，其中 i、j、k 分别代表服务提供商、集成商和运营商三个参与主体。本节假定三者均采取分散独立自主决策，即以自身利益最优为决策目标。

本节采用了纳什均衡理论分析新零售服务供应链中三个参与主体决策者的最优决策和均衡模型，在对主体决策进行建模与描述过程中，假定所有的函数都是可微分的凸函数，且约束条件得到的定义域也是凸集。假定考虑生态约束的新零售服务供应链系统决策问题本质上是一个可微凸优化问题，即也可认为是一个特殊的单调变分不等式。因此，本节先考虑服务提供商、服务集成商以及服务运营商三者独立决策过程中的一般均衡条件，然后再将三者放在整体服务供应链中引入生态约束条件，进行系统均衡与决策分析。

二、新零售服务供应链的一般均衡条件

1. 服务提供商的均衡条件

首先考虑服务提供商（厂商）i 的服务供应过程，其生产制造过程采用 JIT 方式进行，即服务提供商按照服务集成商发出的供需信息和相应指令，采取定制型方式进行生产，这也就意味着在生产过程中假定产品储存成本为 0。假定服务提供商接受了服务集成商订单 q_{jk}，承担生产成本为 $C_i(q_i)$，与服务集成商 j 的交易（谈判）成本为 $N_i(q_{jk})$，服务成本为 $S_i(q_i, q_{jk})$ 以及政府规制下的生态努力程度为 $E_i(q_i, q_{jk})$。建立服务提供商的决策模型如下：

$$\text{Max} \left[\sum_{j=1}^{n} \sum_{k=1}^{o} q_{jk} p_{ij} - C_i(q_i) - \sum_{j=1}^{n} \sum_{k=1}^{o} N_i(q_{jk}) - \sum_{j=1}^{n} \sum_{k=1}^{o} S_i(q_i, q_{jk}) - \right.$$

$$\left. \sum_{j=1}^{n} \sum_{k=1}^{o} E_i(q_i, q_{jk}) \right] \tag{4-1}$$

$$\text{s.t.: } q_i \geqslant \sum_{i=1}^{m} \sum_{j=1}^{n} q_{jk}; \quad \sum_{j=1}^{n} \sum_{k=1}^{o} E_i(q_i, q_{jk}) > 0 \tag{4-2}$$

同时，考虑政府规制下服务提供商（厂商）生态产品的制造成本、质量努力成本（包括达不到生态标准的不良品制造成本和过程返修成本）。将生态效益函数与基本利润函数合并，便可得到服务提供商一般均衡决策模型。此时，考虑生态约束的服务提供商之间的非合作博弈的纳什均衡可以转化成最优的（q_i^*，q_{jk}^*，γ^*），使其满足下列变分不等式：

$$\sum_{i=1}^{m} \sum_{j=1}^{n} \left[\frac{\partial E_i(q_i, q_{jk})}{\partial q_i} + \frac{\partial C_i(q_i)}{\partial q_i} + \frac{\partial S_i(q_i, q_{jk})}{\partial q_i} - \gamma \right] (q_i - q_i^*) +$$

$$\sum_{i=1}^{m} \sum_{j=1}^{n} \left[\frac{\partial E_i(q_i, q_{jk})}{\partial q_{jk}} + \frac{\partial N_i(q_{jk})}{\partial q_{jk}} + \frac{\partial S_i(q_i, q_{jk})}{\partial q_{jk}} + \gamma - p_{ij} \right]$$

$$(q_{jk} - q_{jk}^{*}) + \sum_{i=1}^{m} \left(q_i - \sum_{j=1}^{n} \sum_{k=1}^{o} q_{jk} \right) (\gamma - \gamma^{*}) \geqslant 0 \qquad (4-3)$$

2. 服务集成商的均衡条件

服务集成商是新零售服务供应链的中心，其集聚了服务供应链决策所有的资源与信息。服务集成商 j 根据市场供需信息预测或者服务运营商提供的前一阶段运营数据信息进行决策，会向服务提供商 i 以价格 p_{jk} 发出订货信息，采购所需的产品或服务。以 p_k 向服务运营商提供产品与服务，其中 p_k 往往采取的是"产品+服务"的定价方式进行，产品提供的需求量为 $r_k q_{jk}$。另外，服务集成商在服务供应过程中需承担系统运营成本 $C_j(q_j)$ 和交易（谈判）成本为 $N_j(q_{jk})$，服务成本为 $S_j(q_j, q_{jk})$ 以及生态努力水平为 $E_j(q_j, q_{jk})$。服务集成商的一般均衡决策模型如下：

$$\text{Max} \left[\sum_{j=1}^{n} \sum_{k=1}^{o} r_k q_{jk} p_{jk} - C_j(q_j) - \sum_{j=1}^{n} \sum_{k=1}^{o} N_j(q_{jk}) - \sum_{j=1}^{n} \sum_{k=1}^{o} S_j(q_j, q_{jk}) - \right.$$

$$\left. \sum_{j=1}^{n} \sum_{k=1}^{o} E_j(q_j, q_{jk}) \right] \qquad (4-4)$$

$$\text{s. t: } q_j \geqslant \sum_{i=1}^{m} \sum_{j=1}^{n} r_k q_{jk} \sum_{j=1}^{n} \sum_{k=1}^{o} E_j(q_j, q_{jk}) > 0 \qquad (4-5)$$

考虑政府规制与行业规范双重约束下，服务集成商在服务供应过程中会产生系统安全、交互生态以及社会责任（公平）等方面的额外生态成本。将生态效益函数与基本利润函数合并，便可得到考虑生态约束的服务集成商的一般均衡决策模型。此时，考虑生态约束的服务集成商之间的非合作博弈的纳什均衡模型可转化为求最优（q_j^{*}，r_k^{*}），使其满足下列变分不等式：

$$\sum_{i=1}^{m} \sum_{j=1}^{n} \left[\frac{\partial E_j(q_j, q_{jk})}{\partial q_j} + \frac{\partial C_j(q_j)}{\partial q_j} + \frac{\partial S_i(q_j, q_{jk})}{\partial q_j} \right] (q_j - q_j^{*}) +$$

$$\sum_{i=1}^{m} \sum_{j=1}^{n} \left[\frac{\partial E_j(q_j, q_{jk})}{\partial r_k} + \frac{\partial N_j(q_{jk})}{\partial r_k} + \frac{\partial S_j(q_j, q_{jk})}{\partial r_k} - q_{jk} p_{jk} \right] (r_k - r_k^{*}) \geqslant 0$$

$$(4-6)$$

3. 服务运营商的均衡条件

服务运营商 k 的服务供应过程为从服务集成商处以 p_k 购买"产品+价格"的服务包，服务运营商能否与外部需求市场实现产品交易，取决于两个方面：①经济性指标，即其承担的各项成本与外部需求市场所能接受的单位产品价格 p_k 之间的关系；②服务性指标，即其运营调度能力能否在政府规制和行业规范允许下，以最便捷的方式满足外部市场需求。其中第一个方面不单单与服务运营商有关系，还与服务集成商的努力程度有着密切的关联，因此双方共同的质量努力付出在很大程度上决定了服务运营商的决策。建立服务运营商的一般均衡模型如下：

$$\text{Max}\left[\sum_{j=1}^{n}\sum_{k=1}^{o}(p_k-p_{jk})r_kq_{jk}-C_k(q_{jk})-\sum_{j=1}^{n}\sum_{k=1}^{o}N_k(q_{jk})-\right.$$

$$\left.\sum_{j=1}^{n}\sum_{k=1}^{o}\mu S_k(p_k,\ q_{jk})^{\alpha}E_k(p_k,\ q_{jk})^{(1-\alpha)}\right] \tag{4-7}$$

$$\text{s.t:}\ \sum_{j=1}^{n}\sum_{k=1}^{o}\mu S_k(p_k,\ q_{jk})^{\alpha}E_k(p_k,\ q_{jk})^{(1-\alpha)}\geqslant 0 \tag{4-8}$$

考虑政府规制和行业规范双重约束的服务运营商会产生额外的生态成本，比如生态选址成本和服务质量努力成本。将服务运营商生态效益函数与基本利润函数合并，便可得到考虑生态约束的服务运营商一般均衡决策模型。此时，考虑生态约束的服务运营商之间非合作博弈的纳什均衡可以转化为 p_k^*，使其满足下列变分不等式：

$$\sum_{j=1}^{n}\sum_{k=1}^{o}\left[(1-\alpha)\frac{\partial E_k(q_j,\ q_{jk})}{\partial p_k}\mu S_k(p_k,\ q_{jk})^{\alpha}+\right.$$

$$\left.\alpha\frac{\partial S_k(q_j,\ q_{jk})}{\partial p_k}\mu E_k(p_k,\ q_{jk})^{(1-\alpha)}-r_kq_{jk}\right](p_k-p_k^*)\geqslant 0 \tag{4-9}$$

三、考虑 TBLs 约束的新零售服务供应链系统模型

从网络均衡模型的角度分析，考虑生态和质量努力约束下的新零售服务供应链均衡模型优化是指求得一组最优的 $(q_i^*,\ q_{jk}^*,\ \gamma^*,\ r_k^*,\ p_k^*)$，满足式（4-3）、式（4-6）和式（4-9）。同时使下列变分不等式成立，也即在以下条件下，模型达到均衡。

$$\sum_{i=1}^{m}\sum_{j=1}^{n}\left[\frac{\partial E_i(q_i,\ q_{jk})}{\partial q_i}+\frac{\partial C_i(q_i)}{\partial q_i}+\frac{\partial S_i(q_i,\ q_{jk})}{\partial q_i}-\gamma\right](q_i-q_i^*)+$$

$$\sum_{i=1}^{m}\sum_{j=1}^{n}\left[\frac{\partial E_i(q_i,\ q_{jk})}{\partial q_{jk}}+\frac{\partial N_i(q_{jk})}{\partial q_{jk}}+\frac{\partial S_i(q_i,\ q_{jk})}{\partial q_{jk}}+\gamma-p_{ij}\right](q_{jk}-q_{jk}^*)+$$

$$\sum_{i=1}^{m}\left(q_i-\sum_{j=1}^{n}\sum_{k=1}^{o}q_{jk}\right)(\gamma-\gamma^*)+\sum_{i=1}^{m}\sum_{j=1}^{n}\left[\frac{\partial E_j(q_j,\ q_{jk})}{\partial q_j}+\frac{\partial C_j(q_j)}{\partial q_j}+\frac{\partial S_i(q_j,\ q_{jk})}{\partial q_j}\right]$$

$$(q_j-q_j^*)+\sum_{i=1}^{m}\sum_{j=1}^{n}\left[\frac{\partial E_j(q_j,\ q_{jk})}{\partial r_k}+\frac{\partial N_j(q_{jk})}{\partial r_k}+\frac{\partial S_j(q_j,\ q_{jk})}{\partial r_k}-q_{jk}p_{jk}\right]$$

$$(r_k - r_k^*) + \sum_{j=1}^{n} \sum_{k=1}^{o} \left[(1-\alpha) \frac{\partial E_k(q_j, q_{jk})}{\partial p_k} \mu S_k(p_k, q_{jk})^{\alpha} + \alpha \frac{\partial S_k(q_j, q_{jk})}{\partial p_k} \right.$$

$$\left. \mu E_k(p_k, q_{jk})^{(1-\alpha)} - r_k q_{jk} \right] (p_k - p_k^*) \geqslant 0 \tag{4-10}$$

本章小结

新零售已经成为新时期经济发展的新主题和新趋势。现有新零售更多关注单个企业或服务链条中某个节点的运营问题，往往陷入"只见树木，不见森林"的策略陷阱，不利于系统研究新零售发展中的问题以及优化等问题。本章融合了新零售和服务供应链理论，首先，融合新零售与服务供应链，将新零售服务供应链放在可持续服务供应链和生态的理论框架中进行分析，提出了"新零售服务供应链"概念，系统分析新零售服务供应链的系统结构。其次，基于互联网视角的全渠道分析框架，对新零售服务供应链中服务提供商、服务集成商和服务运营商等内部利益体的经济关系进行了其系统结构的深度剖析。最后，运用纳什均衡模型，对新零售服务供应链中的服务提供商、服务集成商和服务运营商三个利益主体的均衡条件进行了分析，构建了新零售服务供应链的整体均衡决策模型。对进一步深入理解这种新的商业形态和商业趋势有着重要意义，为政府、企业以及消费者做出更好的决策参考提供理论支撑，同样也是当前学界亟待探讨的理论和现实命题。

本章从网络均衡模型的角度分析，认为经济（利润）、社会（质量）、环境（生态）是共享服务供应链均衡模型优化的关键变量，实现整体链条的均衡可持续发展必须要寻求一组最优的系数（q_i^*，q_{jk}^*，γ^*，r_k^*，p_k^*）。在研究中我们发现，系数 r_k^* 在新零售服务供应链中起到了非常重要的作用，其不仅决定了服务集成商和服务运营商的收益，还决定着服务提供商的生产批量和制造成本，更重要的是这个变量在很大程度上决定着整个共享服务供应链的商业价值和可持续发展，可以认为该系数的最优在很大程度上也决定着新零售服务供应链的生态最优，是否可以将其定义为新零售服务供应链中的"生态系数"，值得在下一阶段的研究中进行探讨。同时，本章认为服务运营商作为整个链条的服务产品资源的集成方，消费者/顾客对其评价机制以及其自身在产出函数和决策目标等方面都与服务提供商和服务运营商截然不同，其服务投入与生态努力程度之间存在一种"道格拉斯"式生产函数关系，之间的关系和总量取决于系数 α 值的大小，两者之间的关系呈现出如何的动态机制，也是下一步值得探讨的问题。

此外，从实践角度来看，如何更好地提升新零售服务供应链服务"性价比"、如何持续地优化产品供应链、如何创造以优异的顾客价值为目的的供应链整体利益最大化的供应链优化、如何更好地实现新零售服务供应链经济效用的最大化；未来，实现"去中心化"后的平台生态系统将成为其发展的重要载体和最终归宿。同时，在新零售服务供应链结构体系中主体决策行为在决策的过程中往往受到多种心理因素的综合影响，比如公平关切、损失厌恶、风险厌恶、后悔厌恶等，而本章在研究新零售服务供应链一般模型时，并未涉及多种心理因素的综合影响，所以，关于多种心理因素综合影响下的新零售服务供应链质量稳态运营策略研究是一个非常重要的方向。

第五章　新零售服务供应链的耗散结构及质量特征

第一节　零售服务供应链网络及耗散结构

新零售服务供应链包括三个要素环节：产出系统、分工系统、零售系统。这三个要素环节通过系统内外部的要素转移和资源消耗来吸收更多能量的负熵流，实现系统内部的总熵流下降负熵流上升的趋势，使得各要素向更有效、更规范的方向演化。

其中，功能服务提供商是链条有形产品和功能服务的主要提供者，承担了向零售服务集成商和消费者提供符合质量需求的有形商品和功能服务的系统分工，是链条质量的基础保障，很大程度上决定了链条的质量水平和层次。零售服务集成商是链条的核心主体，不仅承担了将前端功能服务提供商的质量供给与自身零售质量聚合的功能，还扮演着将终端服务质量更好地提供给客户体验的角色，很大程度上决定了消费者的支付意愿。服务需求方/消费者是检验链条服务质量的最终主体，其将实际感知与消费期望进行对比，最终形成零售服务质量感知。三个不同主体通过服务质量调适和修正，实现利益共享、价值传递与能力匹配，确保零售服务供应链网络的有序运动。因此，它是一个开放的系统，促进了零售服务供应链的可持续发展（见图5-1）。

此外，经过比利时物理学家普利高津带领布鲁塞尔学派及勒费尔十几年的模拟自组织科学实验下，进一步提出了对耗散结构能进一步做量化分析的方法——布鲁塞尔模型，该模型能对零售服务供应链网络内部的耗散结构演化做深入的可

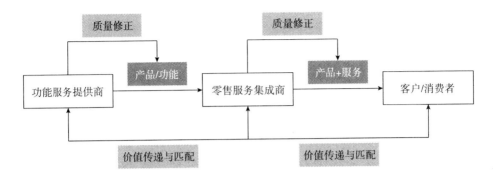

图5-1 零售服务供应链网络的系统结构示意图

操作化分析。同时该模型也被称作三分子模型，其主要通过以三分子在方程中形成的三次项来阐述各要素环节的分支系统中的不稳定性的非线性交互影响。该模型作为耗散结构量化分析的基本标准，在一定程度上与耗散结构具有相关性，能更好地描述零售服务供应链内部系统的运行机制原理。

零售服务供应链网络系统的演化模型：

$$A \underset{k_2}{\overset{k_1}{\rightleftharpoons}} X$$

$$B+X \underset{k_4}{\overset{k_3}{\rightleftharpoons}} Y+D$$

$$2X+Y \underset{k_6}{\overset{k_5}{\rightleftharpoons}} 3X$$

$$X \underset{k_8}{\overset{k_7}{\rightleftharpoons}} E \tag{5-1}$$

X、Y：两个变量都表示零售服务供应链网络内部要素交互影响中间组分。X表示零售服务供应链物流成本，Y则表示零售服务供应链物流质量安全水平。

A：表示影响零售服务供应链网络系统的客观环境（零售服务供应链发展状况、零售服务供应链物流产业政策及基础设施等）。

B：表示零售服务供应链流通模式及节点分布状况等。

D：表示零售服务供应链物流网络。

E：表示零售服务供应链物流体系。

k_i：表示相互作用的速率。（$i=1, 2, \cdots, 6$）

当 $k_1=k_2=\cdots=k_6=1$ 时，该模型的动力学方程可表示为：

$$\begin{cases} \dfrac{\partial X}{\partial t} = A - (B+1)X + X^2Y \\ \dfrac{\partial Y}{\partial t} = BX - X^2Y \end{cases} \tag{5-2}$$

式（5-1）的定态方程组为：

$$\begin{cases} A - BX + X^2Y - X = 0 \\ BX - X^2Y = 0 \end{cases} \tag{5-3}$$

动力学方程式（5-2）的稳定态解为：

$$\begin{cases} X_0 = A \\ Y_0 = B/A \end{cases} \quad (A>0,\ B>0) \tag{5-4}$$

将 $X = A + x$ 和 $Y = B/A + y$ 代入式（5-1），可得到特征方程如下：

$$\lambda^2 + (A^2 - B + 1)\lambda + A^2 = 0 \tag{5-5}$$

得到方程的特征值为：$\lambda_{1,2} = \dfrac{1}{2}\left[B - A^2 - 1 \pm \sqrt{(A^2 - B + 1)^2 - 4A^2}\right]$。该特征值有以下两种情况：

（1）当（$A^2 - B + 1$）>0 时，稳定态解（X_0，Y_0）周围的增量会根据时间 t 的加速而逐步趋于收敛状态且极限值变为 0，（X，Y）趋向于正态分布，即变为正态点（X_0，Y_0），种种迹象表明此刻的整体系统要素开始趋向于平衡且稳定状态。零售服务供应链在整体经济形势趋于稳定，其各项仓储业务、服务设备、政策支持均处于匀速发展态势，且此时的零售服务供应链的物流成本（X）和物流安全质量（Y）均处于安全稳定的协同发展环境中，然而出现了我们不愿期待的发展状况，即整体的零售服务供应链内外要素环节开始趋向平稳的状态而中断，该状态会导致零售服务供应链物流系统往更有条理、更为和谐的趋势稳定发展。

（2）当（$A^2 - B + 1$）≤0 时，此刻内部系统要素开始处于不稳定状态。零售服务供应链内部要素开始与整体经济形势不协同发展，零售服务集成商产品服务质量水平不能更好地匹配顾客们日益增长的物质需求。在此态势下内部系统要素开始偏离原有平稳轨道发展，处于复杂多变的无规则性演化状态。但正是在这种环境变化下，内外要素开始进行波动性交互影响，转变为经过内部要素涨幅变化演变为系统规范化且平稳的耗散结构。零售服务供应链系统也同步进入一个更完善、更有序的质量水平状态，开始重新定义为零售服务供应链网络整体系统而存在。

通过前文的理论探讨和总结，我们发现零售服务集成商应从各项宏观及微观的基础设施要求上发挥自己的最大作用，才能让零售服务供应链网内外部要素可以往更有助于耗散结构建立及完善的趋势进步。即使零售服务供应链系统已经满足了耗散结构构建的基础前提，但不能进一步表明它就是耗散结构的形式了。因为它就算成为了耗散结构，也不是完全成熟稳定的，它需要发展为内外部系统要素可以相互促进，相互沟通，进行协调一致同步互助的高阶多样性，可以接纳所有要素环节的耗散结构系统，这样才能更好地满足顾客的多样化需要。

第二节　新零售服务供应链系统的耗散结构

新零售服务供应链是一个典型的带有耗散结构及功能的服务系统及组织。通过系统内部的耗散结构与机制的交互作用促进了新零售服务供应链的演化。从系统结构来看，新零售服务供应链系统包括功能服务提供商、零售服务集成商和消费者/客户三个子系统，其中零售服务集成商是整个服务供应链的核心，其不仅涵盖了从产品设计研发、计划、采购、生产、品控、销售、物流的整个链路，还承担着包括客户需求管理、服务能力管理、服务匹配机制、服务绩效管理、订单与结算管理和服务提供商管理等整个链条的服务功能整合及供应链管理的职责。功能服务提供商是零售服务集成的内容/功能提供方，主要承担了根据客户需求定制或预测向零售服务集成商提供包括设计研发、生产制造、品控资讯、物流配送、销售服务等功能服务。消费者/客户在零售服务供应链系统中承担着进行产品服务水平监督的任务，经过与集成商的产品信息交互（线上或线下形式）来获得其所需要的服务或产品，并将过程质量与其之前的期望进行比较，形成顾客感知服务质量，进而决定是否付出继续购买行为。在整个新零售服务供应链中，各系统模块间通过物流、信息、资金等相互交换，促进了整体系统的良性有序运行。

从系统耗散形式及功能来看（见图5-2），由于零售服务集成商是整个服务供应链的核心，我们将服务供应链划分为系统内部耗散和系统外部耗散两种形式。①基于供应链绩效的新零售服务供应链系统内部耗散机制。其由功能服务提供商与零售服务集成商子系统间的能量、物资交换而形成，主要表现在两个方面：一是功能服务提供商内部的能力耗散，即能否准确、及时按需进行功能服务的供给，关注功能服务提供商的柔性和效率问题。二是能否建立稳定的服务供应链系统，通常表现在服务绩效管理、服务订单与结算管理、服务提供商管理三个方面的绩效水平上，我们将两个子系统间的能量、物质交互看作系统内部的耗散行为，用供应链绩效水平加以评价。②基于顾客感知服务质量的新零售服务供应链系统外部耗散机制，其由零售服务集成商与消费者/客户两个子系统的能量、物质交互而形成。新零售服务供应链是一个开放系统、远离平衡态且存在涨落导致有序的特征，我们将消费者/客户看作系统外部因素，零售服务集成商与之交互的过程就是系统内外能量、物质交换的过程，而通过两个子系统间的交互，顾客感知服务质量就成为了系统的关键指标。由此可见，两者间存在截然不同的系统能量物质交互方式，对系统的有序演化的影响也存在差异。

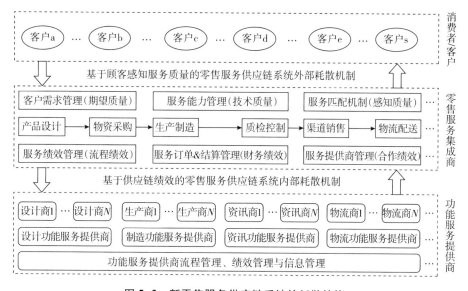

图 5-2　新零售服务供应链系统的耗散结构

第三节　新零售服务供应链的耗散结构质量特征

一、跨层多主体参与的开放系统

独立系统的内部熵值不会形成耗散结构主要源于独立系统的内部熵值在时空

的作用下出现不减反增的现象，在热力学第二定律中得到进一步应用。内部系统的熵值与外部要素相互转移形成的熵组成了开放系统的熵值，内部系统的熵值一直处于逐步增加为正向分布的状态，与外部要素相互转移形成的熵值处于临界状态。内部系统开始由无规则性转变为平衡有规律的构造，源于当外部环境中的负熵流值达到一定阈值能抵扣内部要素产生的熵增，导致了总体熵值下降。另外需要进一步阐述的是，独立系统一般不会与外部要素进行交互作用，主要通过内部要素自我调节自我运转而自觉产生。一般情况下，开放系统是不会与独立系统和内部要素自我运转相比较的，开放系统和闭塞系统主要与外部条件相互作用。简而言之，内部系统需要处于开放状态，与外部要素进行资源的消耗与能量的转换才能形成健康结构化的系统。最直观来描述解释系统是否具有开放性，主要依据系统内外有无物质、能量的转化来判断。

新零售服务供应链作为以大数据、智能技术为依托，以产品/服务供应商、服务集成商、零售服务终端、现代物流运营方和采购者/消费者构成的以服务为主导的由线上线下跨层多主体参与的新型供应链开放系统，是一个动态的组织管理活动与相对静态的社会人群实体的结合体，在这样的一个新时期技术升级和消费升级驱动市场环境下，每个要素环节都是非封闭系统，一直处于内外部系统要素、能量相互转移的状态。

作为经济实体的新零售服务供应链系统，完成内部系统的总体要求只依靠内部系统的运动转换是远远不够的，还需要进一步加强内外部系统的输入—输出要素相互作用进行可持续性发展来实现。经济活动中的基础转换状态即"投入—产出"的流程，通过结合第三方物流技术的发展使当前物流处于可持续输入状态，零售服务提供商通过生产环节对产品进行深加工，零售终端实体企业进入市场运作环节，将产品经过新一轮要素分配转移到消费者手中产生利润资金，再进入新一轮的输入系统过程，这样形成了一个闭环的自我循环状态。真正意义的开放是将新零售服务供应链当作自我循环的经济活动对内外部要素和系列紧密联系的行业的开放，此外也是供应链系统各要素过程连续进行能量与资源转换的内环境开放，内部各环节要素相互作用的波动非线性过程。内外环节的转换主要表现在员工、能量、资本、设施、技能等资金流、商流的可持续性导入，从整体上确保内外系统功效的连续导入，功效输出的产生进而来巩固要素系统的导入，当内外部系统开始处于不开放状态，自我运转的循环状态将中断，进而导致供应链内外所有要素的稳定态势被打破，最后进入组织混乱过程。因此，新零售服务供应链结构在发展演化的过程中，必须不断地从外部（零售服务集成商与消费者/客户间）引进优质低熵的物质、能量或者信息并耗散为低质高熵的物质、能量或者信息来不断产生、维持与发展。

二、远离平衡态的系统

对内部要素开放性的更多界定与阐述还是通过偏离稳定状态来证明，这种状态与开放性及临界的阈值相关性极强，因此我们将耗散结构真正定义的开放系统与普遍意义中的开放性存在着根本的差异。内部的要素到达一定程度意义上的开放才具备到达临界阈值的基础条件，将稳定状态的内部系统转变为偏离平稳状态的波动性环节造成的对称残缺的组织，进一步演变为系统性状态。远离平衡态一般具体表现为系统内部的各子系统存在较大的差异，这种差异不仅表现为数量上的差异，而且在性质上相互独立，功能上相互补充，也就是说，系统内存在势能差。存在于独立系统中的所有不平衡因素在时空的演化过程中逐渐消亡，当然它也不会在自我运动中产生不平衡状态。在这种情况下，内部要素的所有不平衡均需要通过要素自我演化和与外在要素的交换过程中产生。正是在这种内外系统的资源与信息的调换，导致整体系统出现并保持总体的转移趋势。系统挖掘内部构成要素是否平稳协调是鉴别这个条件是否一致的重要手段，一般意义上如果内部系统的各组织结构差别越大，那么就越远离稳定状态。

新零售服务供应链是由产品/服务供应商、服务集成商、零售服务终端、现代物流运营方和采购者/消费者系统结合在一起达到总体价值大于个体价值作用的环节，但内部系统的各个组成又各自扮演着不可或缺的角色，在内外部环境进行资源、技能、消息的传递转移过程中立于不可替代的平等地位。各子系统的非平衡性、非对称性可以使系统通过涨落作用，不断向熵减小的方向演化，从无序走向有序。但整个内部系统的进步都需依赖于这些关键资源和配套资源的帮助，且这两种资源本身的组织布局都处于不均匀状态。在利益的诱惑驱动下各内部系统组织结构聚在一起主动合作寻求获利。这种获利的过程我们也可称为价值的创造，这种技能包括要素获取和要素转换能力。服务集成商关键点在于掌握各行业不可或缺的内部资源，接着通过内部资源的整合再创造价值。但整体的服务集成商要素转换技能存在明显个体差异，在各环节上有强有弱。因此，服务集成商在实际的过程中是结合了自我资源转换技能和资源本身价值的优势，来帮助自己攫取更多种类的要素资源。资源不断地流动，造成新零售服务供应链结构的非平衡状态。

三、自组织演化机制

将新零售服务供应链系统看作一个复杂系统，也是一个远离平衡态的开放系统，存在典型的耗散结构。通过系统内部的耗散结构与机制的交互作用促进了新零售服务供应链的演化。其在与外部环境的资源消耗与能量转移环节上，由于动态不稳定内外环境的影响导致涨幅现象的产生，形成内部组织要素根本性结构变异，此时的系统开始产生急剧波动的不平衡性趋势，由本身的无规则性结构转变为时空和组织上的有规则性的自组织演化状态。本章将结合耗散结构理论和服务质量要素理论的基础研究，进一步厘清新零售服务供应链内部系统结构、稳定性和自组织演化环节。

自组织状态可以解释为模糊系统在自由运动时转变为耗散结构的要素环节。自组织系统是通过自我调适、自行匹配，自动地由无规则性状态向有规则性状态转移的不依赖于外部环境特定命令产生的有形结构化复杂系统。目前，新零售服务供应链系统具备明显的随意性特性，是一个动态非线性的系统。着眼于未来，新零售服务供应链系统将是在时空的环境中无外部干扰的可自我演化、自我匹配、自我完善的自组织要素系统。

根据之前的顾客满意编制服务活动准则作为质量水平供给量，以其作为序参量，国际市场消费者的真实认知充当控制参量，新零售服务供应链系统的自组织特性可以通过二次非线性微分形式的演变模型来说明：

$$SQ(X) = \frac{dx}{dt} = b_1x + b_2x^2 \tag{5-6}$$

式中：x 为新零售服务供应链的供给量；t 为时间；b_1、b_2 为常量。具体地，在内外部环境的变化与进展环节中，新零售服务供应链服务质量的供给量 x 是会在新零售服务供应链经济活动的多余资源消耗和国际市场预期价值浪费等结果的作用下，导致未来不设限的发展受阻。只有当国际市场整体消费群体对质量水平的预期价值和真实认知总要使它演化趋于临界状态之后开始处于某一平稳水平，在这种状态下必须使方程具有使 x 共同增加和减少的功能作用。因此，式（5-6）可写成：

$$SQ(X) = \frac{dx}{dt} = b_1x - b_2x^2 \quad (b_1>0,\ b_2>0) \tag{5-7}$$

为了更好地解释结果，令 $b_1 = p$，$b_2 = p/k$，可得：

$$SQ(X) = \frac{dx}{dt} = px\left(1 - \frac{1}{k}x\right) \tag{5-8}$$

式（5-8）为 Logistic 曲线方法，k 为各组织结构协同进步的阈值，是在特定背景的经济活动和要素费用控制的要求下新零售服务供应链质量内部提供与输送的饱和量。p 为新零售服务水平提供量的增加速度。

新零售服务供应链系统运行过程具备满足自组织状态自我调适、自我波动，内部结构的协同一致性特点。在不断向上的要素环节的"标准—期望—感知"螺旋结构作用下，新零售服务供应链的质量水平将运用自身拥有的自组织演化特性使公司的各项环节指令行为与高效的线下实体终端零售销售环节服务相适应，来较好地匹配消费者群体多元化要求。因此，从上述结论来看，加强新零售服务供应链质量水平的提高，需要行业制定标准化流程、规范员工素质水平、引导消费者逐步适应三要素的相互调节和相互作用，这是一个各环节过程都需要进一步评估、反映、协调、再反映等的规范化，具有总体原则性要求的过程。新零售服务供应链系统是一个无外部环境要素打扰，可以让公司采用服务补救、抱怨管理、客户关系管理等组织方法的自我内生循环系统，它可以通过改进公司各要素行为、更新线下服务行为和实现消费者群体多元化要求，不断缩小质量规范与消费者预期的距离，使消费者产生更佳的服务体验感，来进一步有序地推动内部系统的更替和完善。

四、典型的系统涨幅

涨幅可划分为内涨幅和外涨幅，是导致内部系统转化为耗散结构的主要原因，内涨幅在新零售服务供应链的系统结构产生中由于其作为最突出的非线性可自我调适的系统，外部的要素作用导致外涨幅的形成，目前对于涨幅以何种形式出现且程度如何难以评估和研究，仅仅是通过对涨幅呈现的环节及表现形式进行阐述。涨幅的出现是产生耗散结构的内驱力，因为涨幅如果在内部系统刚刚远离平稳状态的区间时呈现，对于耗散结构的形成其实是无显著性作用的，因为当处于稳定或靠近稳定区间临界点时，内部系统的平衡性会被涨幅引起的干扰作用不断打破。故而涨幅只有在系统内部平稳状态的区间之外，涨幅才能实现最大效应值。

新零售服务供应链质量水平在不同程度、不同环境中两者相互作用，进一步在停滞信息的传达下出现了所谓的"时滞效应"（Time Lag）现象。当现实中出现零售行业基于前一阶段的消费者服务感知水平来制定新一轮当期的质量供给水平准则，而新进入的消费者开始使用当期零售行业经过前期消费者的线下实体传达的服务质量水平感知标准，来进行自身的服务质量水平体验。在这种信息不对称及市场反馈滞后的作用下，零售行业的服务准则、消费的体验期望和线下的质量认知三者之间存在时空上的错乱，这种错乱状态会一直在经济服务活动中持续往返，保持为螺旋非线性发展趋势（见图5-3）。各种系统要素的相互错位机制的作用进一步影响服务水平呈现出非线性动态博弈状态。新零售服务供应链质量要素呈现非平衡性动态递增状态，其主要源于三个分支环节的服务质量及多样思维要素的相互交错作用而产生。新零售服务供应链内部要素原有的维稳趋势在多个变量的相互交互作用干扰下，原系统产生的"涨幅"现象居于平衡态区域，内部要素系统开始朝非有序区间演化。此时，新零售服务供应链系统开始进入自我调适、自我运转的全新、平衡的自组织演化状态，这种状态主要通过全新的、更进阶的时间与空间的资源整合，爆发出无穷的要素能量来实现。

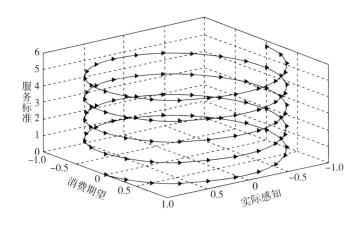

图5-3　新零售服务供应链质量的螺旋轨迹模型

另外，在图5-3所示"标准—期望—感知"螺旋非线性发展趋势的服务活动中，新零售服务供应链服务水平为消费者提供多样化产品需要，将基于新零售行业的服务标准动态稳定性对应到最合适的新零售线下质量水准上。根据前文描述可知，新零售服务供应链服务水平的进一步上升不仅仅是一个波动环节，相反新零售行业的服务准则、消费的体验期望和线下的质量认知三者相互适应、持续配合的非线性无序变化环节。进一步说明新零售服务供应链系统的内部变动，主要经过内因作用于外部要素，外部要素进一步推动内部系统质量优化与升级。新零售服务供应链是一种多要素交互作用促进发展的系统，其自组织演变进程研究要依据本身具备的多要素作用波动性，反映及出现的随机性、不平衡性等特点来判断所处的阶段。

第四节　新零售服务供应链的
耗散结构的质量功能

在新零售服务供应链运营中，链条中三个层次的参与经济主体会依据往期消费者的认知基础、市场的良好回应及往后顾客们对于市场质量的需求来安排、修正自己的质量认知和行为，但由于每个主体的经济性约束，通常此类调整与修正的空间是有限的，并不会突破成本经济性边界。作为核心主体的零售服务集成商会继续向功能服务提供商提出与之相适应的功能调节策略需求，而后者会及时根据零售服务集成商的需求调整"质量修正"，以提供更加符合集成商的产品或功能，同样在某种程度上，提供商的调适空间也是有限的。消费者对服务质量的需求是动态且不可逆的，加之经济主体资源的经济性和决策者的有限理性，不可能寻找到最优的服务质量，也不可能采用完全匹配需求质量的方式进行改进，在三者通过不断的质量修正寻求一个相对稳定的质量状态进行协同合作，就成为了新零售服务供应链耗散结构体系中最优的选择。从中可以看出"质量修正"仿佛一座桥梁，它不仅能加速新零售服务供应链耗散结构系统不同主体间价值、信息、能量、物质等的流动和交换效率，促进相互协同发展，还能加速与外界系统的物质、能量及信息的交互，推动整体链条的"螺旋式"进化，形成核心能力，这就是新零售服务供应链耗散结构体系的"质量桥"协同效应。

服务供应链的演化过程存在一种强耦合现象，其在不同质量状态（波动或稳定状态）下表现出的演化过程与特征存在差异。根据图5-4本书可以进一步发现，零售服务企业在经营活动中进入恶性的连锁反应环节中，这种原因产生的背后是新零售服务供应链条上无视顾客群体真正的质量需要，降低了顾客整体满意度，引发顾客抱怨/流失。正是在这种状态下消费者开始将自我的喜爱偏好转移到其他同类竞争零售企业上，故而损害了原来的新零售服务供应链重点企业的盈利能力，使企业陷入随机、不维稳的生产投入恶性循环过程中。为更好应对这种不利的市场环境，相关重点新零售服务供应链行业开始采用减少及重新分配零售服务供应商的质量服务提供量的措施，达到降低运营成本、回笼资金、确保资金流平稳的目的，在这种循环往复行为的作用下，导致了整体服务质量水平的降低，又陷入了质量供给的恶性发展。

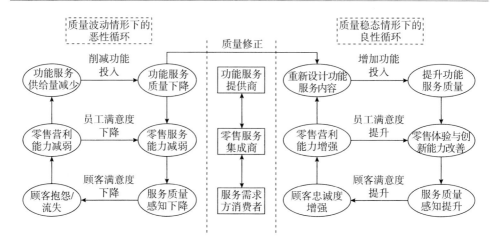

图5-4 不同质量功能状态下新零售服务供应链的恶性循环与良性循环

采用与上述情况完全相反的手段，如果当新零售服务供应链中核心零售企业经营绩效出现问题的时候，功能服务提供商能进行质量修正，采取加大投入，提升功能服务质量，核心零售企业能充分改善服务架构加强客户群体的产品满意度的应对举措，目前的情形与以往就大不一样了。因此，真正的新零售服务供应链的耗散结构的质量功能的展开效应，表现在能让新零售服务供应链时刻居于一个合理促进的良好发展要素的系统中。主要通过整体层面上的调整与改进，首先为消费者提供能让其感到满意与舒适的产品与服务，而消费反馈的质量认知水平会进一步促进服务人员业绩荣誉感和自我工作水平认可感的提高。在这种良好的循环发展上，顾客的忠诚度开始增强、企业的盈利能力增加，企业整体效益上升。

本章小结

根据前文板块内容的介绍与分析，首先，基于理论基础作用重点讲解新零售服务供应链及其系统构成，描述了新零售服务供应链系统的耗散结构及其质量特征和质量功能。从理论层面上详细分析了零售服务供应链内部网络及耗散结构，在此研究基础上进一步提出了新零售服务供应链系统的耗散网络结构。对后文能更好地理解"质量熵"在新零售服务供应链内部系统绩效水平的服务质量扮演的角色作用。其次，为更好厘清新零售服务供应链系统如何形成耗散结构，加强耗散结构在系统中的质量特征表现形式及其质量功能的分析研究，通过基础理论的分析，了解到新零售服务供应链质量的演变进程呈现着"质量螺旋"上升的状态，其内部质量要素的构成环节是多维作用机制交互作用的结果。最后，进一步探讨新零售服务供应链的耗散结构本身具有的系统跨层次异质主体开放性、偏离平稳区域性、自组织演化性、随机涨幅性等多维度要素特征，加强对新零售服务供应链内部耗散结构的各种质量特性表现形式研究，为下一章系统阐述新零售服务供应链的质量熵及其影响因素做了实践基础和理论铺垫。

第六章　新零售服务供应链质量熵的评价体系

第一节　新零售服务供应链质量熵的内涵与特征

一、熵的内涵与特征

对于耗散结构理论的发展，熵这一概念始终都贯穿其中，熵在耗散结构理论的演化过程中扮演着重要的角色。故而，为了能够系统厘清耗散结构理论的思想，我们需要全面地了解熵理论。

熵（entropy）寓意为"变形"，最初起源于希腊字，被有形地比喻为"时间之矢"。后以"S"标记表示熵，权威理论认为自然过程是可选择和可逆的，却忽视了时间参量在其中的作用。然而熵的提出，使得"时间之矢"再次系统定义自己所扮演的角色。其数学表达形式为：$dS = \dfrac{\delta q}{T}$，T 为系统当时的温度，δq 代表系统热量的变化，dS 是系统的熵变化。根据克劳修斯对热力学第二定律的表述，热力学第二定律的核心其实就是一种不能逆转的变化，而一旦发生这种不能逆转的结果，便无法自发地与原状保持一致。实际上，特别是炎热的夏天，高温可以使冰块轻易融化为水，但不能使水自然地结成冰块。由此呼应了热力学第二定律，系统的熵增加原理：在孤立或绝热前提条件下，不可逆过程只能向熵增加的趋势发展，不可能向熵减少的趋势发展。

可以将分子无规则运动的状态概率与熵联系起来从而用熵表示微观粒子的无

规制程度的观点由波尔兹曼系统提出。普朗克·吉布斯对其进行了改进，使其成为了一个表示分子运动混乱程度的物理量。在系统中，微观能量态所受限制越多，其发生概率越低，状态数量越少，其系统熵也越小。反之，系统熵则越大。可以用数学公式将其表达为：$S=kln\Omega$，其中，k 作为玻尔兹曼常数，Ω 是分子的状态数量，S 表达为系统熵值。熵与热力学的发生概率的对数成正比，是玻尔兹曼熵定律来阐述一个系统中微观态的发生概率。$S=klnP$，P 表示在热力学中系统的任何一个状态发生的概率。这个系统越为复杂无规则性，进一步描述系统有序状态的函数，这种现象称为熵定律。比如在相同的外部环境作用下，冰的熵要小于液态水的，因为在水液汁的水分子要比冰的晶体内的水分子运动更剧烈，混乱程度更高。

　　首个将波尔兹曼熵定律运用于信号信息量的研究的是香农，他用玻尔兹曼熵度量系统信息质和量，形成了信息熵学。信息质量是将系统和组织中获取的信息作为混沌现象和消除不确定的良性因素，是信息论的出发点和重点研究例子。如果系统所拥有的信息量越少，信息的效用度（信息的"质"）也就越低，对系统熵的替换作用就越小，系统熵就会越大，而系统中的复杂性和无规则性就会越高，就会妨碍系统的有序和平稳运作。相反，如果在一个系统中，所含的信息量越大，信息有效度也就越高，系统有序程度就越高，系统熵就越小，而信息中负熵的替换作用导致了这种系统熵的减小。在热力学熵中，用表达这两种熵的数学公式中，没有负号来表达负熵这一性质，而信息熵公式中则有。在信息论中，香农用指标熵的计算方法来测量信息被期望表达的准确度，这一信息熵的应用被广泛推广。

　　"熵"这一概念在长达百余年的研究和变化中进一步得以泛化，自其产生开始到如今其应用层面包括了管理学、统计学等领域，熵的思想可以解释任何涉及不可评估性或者无规则性的问题。这一概念成为了泛化通俗的语言表达，成功突破了不同的领域、学科之间内容的差异性。它衍生出诸如熵管理学、熵经济学等一批新的学科，促使众多学科的知识相互借鉴补充。同样，在服务质量这一领域，熵理论的实践科学研究也逐渐得到衍化和推广。

　　综上所述，在信息熵和热力学熵的基础上本书从熵的统计学性质中总结出熵的以下性质：

　　第一，非负性。系统的熵总是非负的，即系统内某种状态出现的概率一定为 $0 \leq P_i \leq 1$（$i=1,2,\cdots,n$）。

　　第二，独立性。系统的熵不会因为系统增加一个独立事件而发生改变，因为该事件不能使系统的其他状态发生概率产生变化。

第三，确定性。即使在我们的研究中，熵是描述系统内事件发生的无序性和随机性，但如果系统内存在必然的一种状态，我们可理解为这一状态出现的概率为 1，这也就意味着在系统中的其他状态发生的概率为 0。此时系统的熵值就为 0，此时我们可以认定为其为确定的系统，序性最高，且没有随机性。

第四，可加性。在两个系统 M 和 N 是彼此封闭和孤立的两个系统且熵值分别为 S(M) 和 S(N) 的前提下，复合系统的总熵值可以表示为 S(MN)＝S(M)＋S(N)。熵函数的形式因为熵函数的可加性得以确定，使得系统熵流的计算成为一种可能和一种研究趋势。

第五，对称性。系统的熵不会因系统中状态出现的顺序任意互换而产生根本改变，因此系统中状态概率 P 出现的顺序无关于系统熵。这一性质从另一层面上说明，系统的熵无关于极个别主体的自我意识，其实质是一种团体的自主行为。

在一个开放的系统中，其包含的信息量越小，有序度越低，熵就越大；反之亦然，因此系统的有序度与熵存在着一定的关系。我们可以类比有序度与熵的这一反比关系，从而将熵这一概念应用在新零售服务供应链质量这一领域，通过熵值的大小及变化来对新零售服务供应链质量系统有序度进行描述。

二、新零售服务供应链质量熵的内涵

在耗散结构中，熵是衡量系统有序度和稳定性的指标，本书将服务质量视为新零售服务供应链质量系统中的"熵"，其不仅反映了外部市场对供应链绩效的感知和认同，还与内部各子系统的良性运转密切联系，熵值在很大程度上决定着新零售服务供应链服务质量系统的可持续发展。首次将玻尔兹曼熵的概念加入到信息论中的是美国贝尔电话研究所的数学家香农（Shannon），他在 1948 年提出了把熵作为一个随机事件的不可预测性当作信息量的度量，依据相关的概率场计算熵量，即用熵量的变化度量信息，并得出了"信息熵"的定义。本书借鉴 Shannon（1948）提出的信息熵（Entropy）概念，引入"质量熵"（Quality Entropie）的概念，将其定义为：剔除不良质量后的平均质量。其可表述为质量在系统中的一个状态函数，也可以表述为系统某种质量状态出现的概率，用其反映服务供应链质量的不确定性大小的度量。

三、新零售服务供应链质量熵的基本特征

在新零售服务供应链的自组织演化过程以及外部环境的变化（比如消费结构

和产业技术升级等）中会引起系统质量熵的变化，导致系统无序性的逐渐加剧，进而引致系统向更高层次的结构演化。

本章将新零售服务供应链质量系统的总熵变 $d_t(S)$ 表示为：

$$d_t(S) = d_e(S) + d_i(S) \tag{6-1}$$

其中，$d_i(S)$ 是新零售服务供应链质量系统内部（功能服务提供商与零售服务集成商间）耗散机制本身不可逆过程引起的"质量熵"产生，且 $d_i(S)$ 恒为正值；$d_e(S)$ 是新零售服务供应链质量系统在与外界（顾客与零售服务集成商间）在内外部系统要素的转移和资源消耗中产生的熵流，$d_e(S)$ 可为正值、零或者负值。

上述定义说明质量熵具有以下特性：

（1）质量熵本质是一种信息熵。在分析质量熵在新零售服务供应链耗散结构的系统角色中，即当质量熵越小时，质量系统越稳定，进而服务系统越有序；当质量熵越大时，质量系统越不稳定，服务系统自然也就越无序。

（2）因为外界因素干扰到新零售服务供应链质量系统中的某个要素，那么在其内部就可能会形成质量"涨幅"，到达内部系统阈值，此时系统开始做无规则性运动，而原有的维稳态势被扰乱。在最系统的、更上一个阶段的空间范围下，新零售服务供应链质量系统会进行能量整合来爆发出威力更大的能量要素，并开启要素的自我调适功能，使得整个系统重新进入一种平稳的、有规律的形态。

（3）质量熵从"负效应（即质量损失）"的全新角度描述了新零售服务供应链系统的实际质量价值，为服务质量的度量提供了新思路。

第二节　新零售服务供应链质量熵的影响要素及熵流机制

一、质量熵的影响要素

质量功能展开（Quality Function Deployment，QFD），是在产品设计初期满足用户需求（CR）的一种技术，把用户需求或市场的要求转化为质量特性、设计要求、生产要求、工艺要求零部件特性的产品设计全过程的产品开发方法。QFD是符合顾客多层次要求和确保产品质量的关键技术，主要把设计工程师的语言经过用户声音加工运行来获得。在欧洲的建筑、航空和制造等行业，QFD 已得到了深入的研究和运用。

本节主要基于质量功能展开方法，引入"质量熵"概念，分析新零售服务供应链质量"熵"的影响维度、要素构成及形成过程（见图 6-1）。

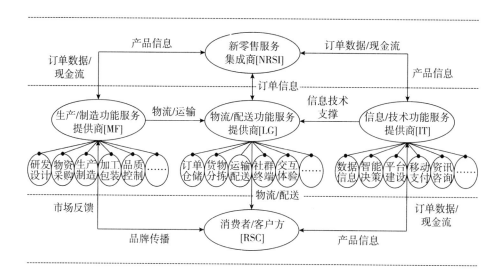

图 6-1　新零售服务供应链的质量功能展开示意图

在耗散结构理论的基础上，将新零售服务供应链类比于一个带有耗散结构的多层面系统，从而对新零售服务供应链的耗散结构及稳定性进行分析，揭示新零售服务供应链的自组织演化规律。新零售服务供应链系统态势在内外部环境的综合作用下持续波动，偏离稳定态并再次受到干扰时，发生状态转移。偏离稳定态并进入非线性区间时，就会表现为一种不可逆现象，这种情况主要源于干扰作用产生的作用。假设系统中存在一个参考定态解 X_i^0，如式（6-2）微分方程组可对系统稳态加以解释：

$$\frac{dX_i^0}{dt} = G_i(X_1^0, X_2^0, \cdots, X_n^0, t) = G_i(X_i^0) = 0 \qquad (6-2)$$

在式（6-2）中，系统的状态变量为 X_1，X_2，$\cdots$，X_n，新零售服务供应链的系统状态变量干扰受到来自内外部环境的综合作用，假定的参考定态解会与此时的状态变量存在偏差，可表示为 $X_i = X_i^0 + \theta_i(i = 1, 2, \cdots, n)$，将其代入式（6-2），并进行泰勒级数展开得到：

$$G_i(X_i) = G_i(X_i^0 + \theta_i) = G_i(X_i^0) + \sum_j \left(\frac{\partial G_i}{\partial X_j}\right)_{X_i^0} \cdot \theta_i + \frac{1}{2} \sum_i \left(\frac{\partial^2 G_i}{\partial^2 X_j}\right)_{X_i^0} \cdot$$

$$\theta_i^2 + \cdots + (i = 1, 2, \cdots, n) \tag{6-3}$$

在李雅普洛夫稳定性定理的基础上，可以得到，新零售服务供应链稳定性的三种情况，这种情形主要表现在远离参考定态状态：系统处于一种临界状态、系统稳定状态以及系统不稳定状态，这三种情况说明，某一系统在非平衡态的非线性区、远离稳定态且超过某一阈值的前提下，存在非平衡的系统失去稳定性并使得系统发展到一个新状态的可能。正是这种不稳定性和稳定性交替的过程才使得新零售服务供应链实现了整个系统的自我调适发展。

二、质量熵的熵流机制研究

随着熵值的增加，系统的能量分布也就越平均。要想使系统熵实现最大值，面积或要素内的能量组织就要实现充分的平均布局。耗散结构理论认为，系统中存在两种"熵流"，即内熵流和外熵流，用其来描述系统内外耗散结构所代表的状态。结合上文对耗散结构在新零售服务供应链系统中的分析，用熵值来表示特定时刻的系统状态，将新零售服务供应链的功能服务提供商与零售服务集成商之间物质、能量与信息交换的合作契合度以及相应的投入产出效率视为耗散系统的内熵流，在此我们可以将其狭义地理解为新零售服务供应链的"绩效"。耗散系统的外熵流即为之外的顾客与零售服务集成商之间的信息转移和资源消耗，而这个过程的效率往往用顾客对零售服务集成商供给的服务质量感知作为衡量指标，在此我们将其理解为服务供应链的"感知服务质量"。

本书在前文中新零售服务供应链系统的偏离稳定性与开放性的基础上可以推得，新零售服务供应链系统处于一个不断变化发展的复杂非线性发展中。新零售服务供应链中各个模块存在自组织演化特征，且此类自组织演化过程会引起新零售服务供应链系统熵的变化。即可认为新零售服务供应链系统耗散结构中熵的变化决定着其不平衡发展。

在上述的进一步分析中，本书将新零售服务供应链绩效看作系统内部产生的熵值，该值越大，说明系统的稳定可靠性越差；将顾客感知服务质量视为系统外部产生的熵值，代表服务供应链系统与外部消费者/客户进行能量、物质和信息交互产生的熵流，将其看作零售服务供应链从无序状态发展为有序状态的必要条件。由于 $d_i(S) > 0$，$d_e(S) \leqslant 0$，那么当 $d_i(S) > 0$ 时，说明系统从外部获取的能量、物质和信息积累不足以抵消系统内部耗散所产生的熵值，系统的状态会继续变差，稳定性继续下降，系统内的状态也会越来越无规则；而当 $d_i(S)<0$ 时，就说明该系统从之外的环节中取得的能量、物质和信息积累大于内部耗散所产生的熵流，不仅能抵消内部耗散，还能有余力带来新的发展，这也将意味着系统将朝着有序的状态继续发展；当 $d_i(S)=0$ 时，意味着系统的外熵值恰好抵消掉其自身耗散的熵产生，而新零售服务供应链将保持原形态。

由上文可得，新零售服务供应链可以看成是一条围绕外熵值等于内熵值这条直线做上下波动的曲线，而零售服务供应链持续发展的最佳决策点即为系统内部熵值和外部熵值平衡的时刻（见图6-2）。

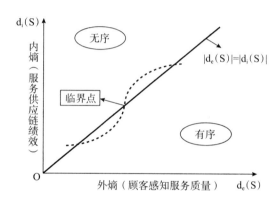

图6-2　新零售服务供应链内外熵流的动态演化

第三节　新零售服务供应链质量熵的评价体系

一、指标体系设计原则

传统的服务质量模型中存在以下几方面不足：第一，指标体系繁杂；第二，模型单一；第三，静态评价，更多的评价基于当期状态的静态评价，而现实中的服务质量感知是动态且具有较强的随机性，这类随机属性通常受制于当前的顾客质量感知和前期的质量状态，而当前的主流评价方法并不能较好地反映出服务质量感知的动态演化过程。因此，本节针对当前主流服务质量模型 SERVQUAL，结合自然语言处理中的最大熵马尔科夫模型（MEMM），采用了隐马尔科夫模型来定量化建模焦点顾客（专家）打分过程，采用特征函数表征打分规则，利用 Viterbi 算法进行指标体系的快速赋值，获得符合焦点顾客经验的最优评价模型。

在设置评价指标体系时，除了要符合统计学的基本规范外，必须遵循以下原则：

1. 简明性和可操行性相统一原则

新零售服务供应链作为一个跨层多主体参与的开放系统，其指标设计因素众多，结构复杂，很多方面难以做出量化标准，所以定性评价指标比较多，在实践研究中难以收集，计算比较困难。因此，经过多方面权衡选取的指标力求具有代表性，简单明了，避免指标的模糊。指标简明的同时还需考虑实践中的易操作性，也就是说，通过统计调查，运用整理、抽样等手段可以获得指标数据。

2. 系统性与层次性相结合原则

新零售服务供应链作为一个典型的复杂系统，涉及多种变量，其演化具有一定的层次性，因此，指标的设计要在考虑系统性的基础上，兼顾其层次性，这样才能全面反映系统的本质特征。

3. 科学性和可行性相结合原则

新零售服务供应链系统的质量熵评价指标的可行性是指建立的指标体系的数据必须有现实的可达到的收集渠道。确保评价结果准确合理的基础是指标体系的科学性。评价指标体系的建立，既要考虑可行性，还要确保所选取的指标可以科学、客观地反映新零售服务供应链的系统运行状况，且可以通过统一测算和量化。

4. 可比性和可靠性相结合原则

在设计指标时，除全面分析新零售服务供应链系统的整体功能外，还需要考虑系统之间各个环节的对比关系，这样才具有可比性。此外，对于这些指标，必须经得住经济理论和实践的验证，使指标体系真实可靠。

二、指标体系选取

指标体系是由一组相互关联、具有层次结构的功能集组成的，功能集指标的选择，决定了新零售服务供应链质量熵评价指标体系的结构框架，是指标体系是否合理有效的关键。要建立全面又简练的功能集指标，不仅要对新零售服务供应链系统本身的结构、功能、特点有透彻的了解，这是确定评价指标的基础；而且还要对新零售服务供应链系统的发展目标有清晰的理解，这是选择评价功能集的基础。

针对零售企业服务质量的要素组成，传统国外学者在相关测量模型的基础上进行了说明和研究。例如，服务质量测量的 SERVQUAL 测量表由 Parasuraman、Zeithaml 和 Berry（简称 PZB，1985，1988，1991）提出并改进更新。本章主要参照 SERVQUAL 模型，从有形性、可靠性、保证性、响应性和移情性五个维度 22 个指标对服务质量进行测量，结合新零售服务供应链的运营特征，将其对有向图按层级结构进行拆分，转化成了易于建模的概率图，同时每个层级的指标与它下一层级的指标构成一个隐马尔科夫链。并对每个层级在最大熵马尔科夫模型的基础上建模并计算，最后得到各级以及整体的评价结果（见图 6-3）。

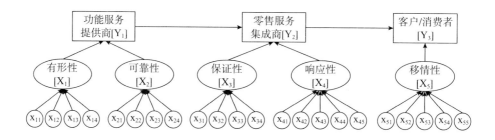

图 6-3　新零售服务供应链的质量熵评价体系

新零售服务供应链系统的质量熵评价指标体系是个复杂的系统工程，用简单的量化指标组很难测度其演化程度，评价体系需要设计得合理才能达到效果。评价体系一方面需要反映系统中各个节点和子系统的相互关系，另一方面还需要体现与环境的相互关系。结合本书的前期研究，建立新零售服务供应链系统的质量熵评价指标体系，如表 6-1 所示。

表 6-1　新零售服务供应链的质量熵评价指标体系

一级指标	二级指标	三级指标
功能服务提供商 [Y_1]	有形性 [X_1]	X_{11}、X_{12}、X_{13}、X_{14}
	可靠性 [X_2]	X_{21}、X_{22}、X_{23}、X_{24}
零售服务集成商 [Y_2]	保证性 [X_3]	X_{31}、X_{32}、X_{33}、X_{34}
	响应性 [X_4]	X_{41}、X_{42}、X_{43}、X_{44}、X_{45}
客户/消费者 [Y_3]	移情性 [X_5]	X_{51}、X_{52}、X_{53}、X_{54}、X_{55}

三、评价模型

本章中，我们主要运用最大熵马尔科夫模型作为质量熵的评价模型，来进一步预测供应链绩效问题，其中最大熵模型是以最大熵值原理为基本原理的统计模型，即在无偏假设下，满足已知部分成立的未知变量的最不确定的一种推断。其中最大熵值原理是指对于离散随机变量，熵的定义为：$H(x) = -\sum_{i=1}^{n} P_i \ln P_i$，其中 P_i 表示的是在信息源中的信号 x_i 出现的概率，$H(x)$ 表示信息量的大小。在给定的条件下，对于一切可能的概率分布，一定会存在某概率分布，使信息熵取得最大值。给定部分信息，在根据此信息进行推理时，必须选择某概率分布，该分布能够使熵值达到最大，该分布因其所含的主观成分最少，所以是最客观的。在本章中为了建立最大熵模型，我们首先引入了信息熵的定义，以此来表示信息的不确定性特征：

$$H(X) = E(I(X)) = -\sum_{x \in X} P(x) \log P(x) \tag{6-4}$$

其次，引入特征函数 $f_i(x, y)$ 来表征运行规则，$f_i(x, y)$ 是一个二值函数，表示当 x、y 满足某一事实时，该特征函数值为 1，否则为 0。

$$f_i(x, y) \in 0, 1, i = 1, 2, \cdots, m \tag{6-5}$$

针对一个大小为 T 的训练数据集 $D = \{(x, y)\}$，可通过数据本身的统计信息得到特征函数的经验期望和估计出的条件概率参数计算特征函数的模型期望。

$$\widetilde{E}(f_i) = \frac{1}{n} \sum_{x, y} P(x, y) f_i(x, y) \tag{6-6}$$

$$E(f_i) = \frac{1}{n} \sum_{x, y} P(x) P(y \mid x) f_i(x, y) \tag{6-7}$$

通过调节条件概率分布 P，可以得到不同的模型期望，能使经验期望相等的条件概率分布可构成集合 C：

$$C = \{P \mid E_p(f_i) = \widetilde{E}_p(f_i), i = 1, 2, \cdots, m\} \tag{6-8}$$

在集合 C 中能找到一组条件概率分布，使得整个模型满足最大熵的原理，即为最优的分布。由此可以将最大熵模型转化为一个解凸函数的约束优化问题：

$$\begin{cases} \max_{P \in C} H(P) = -\sum_{x, y} P(x) P(y \mid x) \log P(y \mid x) \\ \text{s. t.} \begin{cases} E_p(f_i) = \widetilde{E}_p(f_i), i = 1, 2, \cdots, m \\ \sum_{y} P(y \mid x) = 1 \end{cases} \end{cases} \tag{6-9}$$

采用拉格朗日对偶原理将式（6-9）所表达的有约束优化问题转化成一个无约束条件的优化问题，更便于求解。即可表示为：

$$L(p(y\mid x), \lambda_i) = \sum_{i=1}^{N} p(y\mid x)\widetilde{p}(x)\log p(y\mid x) + \lambda_0\Big[1 - \sum_y p(y\mid x)\Big]$$
$$+ \sum_{i=1}^{N} \lambda_i\Big[\sum_{x,y} p(x, y)f_i(x, y) - \sum_{x,y} p(y\mid x)\widetilde{p}(x)f_i(x, y)\Big]$$

$$(6-10)$$

由于式（6-10）是关于 p 的凸函数，可以将其原始问题转化为其对偶问题进行计算：

$$\min_{p(y\mid x)} \max_{\lambda} L(p(y\mid x), \lambda) \rightarrow \max_{\lambda} \min_{p(y\mid x)} L(p(y\mid x), \lambda) \qquad (6-11)$$

然后考虑最小化对偶函数，并对其 p（y|x）求一阶偏导，令其为0，得到：

$$p(y\mid x) = \exp\Big[\sum_{i=1}^{n} \lambda_i f_i(x, y)\Big]\frac{1}{\exp(1 - \lambda_0)} \qquad (6-12)$$

由于 $\sum_y p(y\mid x) = 1$，自然式（6-3）可以简化为：

$$p(y\mid x) = \exp\Big[\sum_{i=1}^{n} \lambda_i f_i(x, y)\Big]\Big/ \sum_y \exp\Big[\sum_{i=1}^{n} \lambda_i f_i(x, y)\Big] \qquad (6-13)$$

再由式（6-13）推导出最终测算模型。

最后，将最大熵模型引入隐马尔科夫模型中，最大熵模型引入了特征函数来控制模型中已知数据对未知数据的适应度和拟合度，解决了隐马尔科夫模型对已知数据独立性假设的缺陷。两者融合不仅能消除变量间的独立性所引致的评价、预测缺陷，还能更好地体现变量之间的关联。这就是最大熵马尔科夫模型（Maximum Entropy Markov Model）。将隐马尔科夫模型的条件概率用最大熵模型中的特征函数表征，并通过最大熵的约束条件求得最优概率，是该模型的核心，其可将每个未知状态的条件概率表示为：

$$p(y_i\mid x_i, y_{i-1}) = \frac{1}{Z_\lambda(x_i, y_{i-1})}\exp\Big(\sum_{a=1}^{m} \lambda_a f_a(\{x_i, y_{i-1}\}, y_i)\Big) \qquad (6-14)$$

其中，m 表示与 y_i 有关的特征函数个数。

四、评价比较

依据前文提及的 PZB 服务质量感知 SERVQUAL 模型，编制了服务质量测量量表，来对新零售服务供应链质量熵评价模型的有效性进一步比较分析。量表数据指标由 3 个一级指标、5 个二级指标、22 个三级指标和最终的综合指标构成。采用随机抽样的方式获取服务质量测量数据，并将数据集随机分为训练集 1、训练集 2、测试集 1、测试集 2 进行模型形成测试。为了进一步验证模型是否有效，能否充分反映新零售服务供应链服务质量测量信效度，本章采用了湖南某新零售服务供应链 ZWS 企业 2015~2017 年新零售服务质量数据集进行了测试。现主要运用其 2017 年的服务质量数据作为历史数据样本集进行模型的检验。样本数分布如表 6-2 所示。

表 6-2　新零售服务供应链服务质量样本选取类别及数量分布

样本集	训练集 1	训练集 2	测试集 1	测试集 2	历史数据集	总样本数
数量	500	500	100	100	200	1400

首先，利用湖南某新零售服务供应链 ZWS 公司 2016 年和 2017 年的新零售服务质量数据进行训练测试。①将训练集 1 依照特征函数规则，将数据存入矩阵中。②利用改进的迭代尺度算法（Improving Iterative Scaling，IIS），得到各级特征函数的权重参数。已知将指标得分划分为 0 到 4，共 5 个等级，设定初始化 $\lambda_a^{(0)} = 10$，依照 IIS 计算步骤可以计算出关于第 i 个指标的特征函数权重，对该评价体系中的每项高级指标进行 IIS 算法计算，可得到整体的参数矩阵，即可得到各层指标中的权重。③利用计算出的特征值权重参数 λ_a，计算得到条件分布 $P_{y_{i-1}}(y_i \mid x_i)$，利用 Viterbi 算法，得到某一层的所有高级得分，并逐层计算，可以得到体系中的所有得分和综合得分。④由此得到模型 1，利用模型 1 计算出的综合得分与真实综合得分进行比较，运用式（6-15）计算出训练模型的正确率。⑤对训练集 2 进行处理与比较分析，并重复对训练集 1 的计算流程和方法，得到模型 2。

$$e = \frac{\#\left\{ scole_{test=scole_{ture}} \right\}}{100} \times 100\% \tag{6-15}$$

其次，对训练集和测试集数据的正确率进行横纵比较。利用前面计算所得到模型 1 和模型 2 的数据分别对测试集 1 和测试集 2 进行测试，并与历史数据的打分结果进行对比分析，计算正确率，并将结果与 BP 神经网络和最大熵模型做对比。

更进一步地，利用湖南某新零售服务供应链 ZWS 公司的历史数据对该模型进行验证。①数据预处理：在随机抽取的 200 个样本的服务质量数据，各级指标得分均是按百分制，而且实际得分区间在 85~95 分，需要将得分去均值化、离散化；②训练模型：利用交叉验证的方法找到最好的训练模型，具体为随机抽取

100 个样本作为训练集，对模型进行训练，对余下的模型进行测试，得到第 1 次实验正确率，再重复 5 次这样的实验，选择正确率最高的训练模型；③测试结果：利用该模型对剩余 100 个样本进行打分，得到的结果与 BP 神经网络和最大熵模型做对比。

最后，本章利用前文中计算的正确率，来作为模型的性能指标，两个实验得到的结果如表 6-3 所示。对于 ZWS 公司的历史数据测试集的 200 个样本数据，可比较其真实分数分布与本章模型评得分数分布的比较，如图 6-4 所示。

表 6-3　仿真检验结果比较

正确率	BP 神经网络	最大熵模型	最大熵马尔科夫模型	平均值	准确率（%）
测试集 1	76.10	78.70	89.90	81.57	10.22
测试集 2	74.90	83.20	92.30	83.47	10.58
历史数据集	79.20	83.50	93.30	85.33	9.34
平均值	76.73	81.80	91.83	83.46	10.04

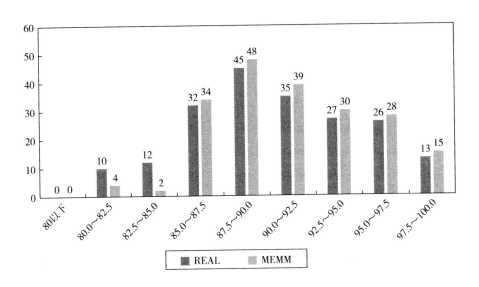

图 6-4　最大熵马尔科夫模型与实际得分结果分布

从表 6-3 中可知，最大熵马尔科夫模型的正确率明显高于 BP 神经网络和最大熵模型：BP 神经网络的正确率在 70% 左右，而且该网络并不是很稳定，对于同样的训练集和测试集，在设定的精度要求范围内，每次实验的正确率都不稳定，本次实验结果大致描述了该算法的一个平均情况；而最大熵模型要求未知量是独立的，在统计指标之间有相互联系的绩效评价体系中，并不能发挥有效的作用。因此，正确率在80%左右，而最大熵马尔科夫模型既满足了最大熵的条件又考虑了各层级间的关系，因此取得了很好的效果。

从图6-4中，也能看出最大熵马尔科夫模型较好的分类效果，但由于项目在89分附近太多，而该模型的评分趋于均匀化，导致6、7、8三类分类误差较大。

本章小结

本章首先主要通过对质量熵的内涵与特征的描述，结合新零售服务供应链的质量功能展开，分析新零售服务供应链服务质量的影响维度、构成要素，基于传统的服务质量SERVQUAL模型针对新零售服务质量基本构成及特征，进一步阐明质量熵评价的指标体系选取来源，并提出基于最大熵马尔科夫的"质量熵"评价模型，结合了最大熵模型和隐马尔科夫模型的优势，不仅能体现出既定的复杂打分规则，还能利用统计规律得到客观的同级间指标关系，使整个打分系统更加全面和稳定，能够科学地代替人工进行打分。并通过对该模型算法进行的仿真实验，对所得结果进行对比分析，进一步验证了该模型方法的科学有效性。其次基于前文的研究，本书发现对系统的绩效进行准确测度和预测是很难的，但对消费者/客户的感知服务质量测量是较为容易的，故采用外部的最大熵马尔科夫的"质量熵"评价模型，去预测内部熵流及系统的整体发展状态在现实实际应用中就成为了一条可行的路径和方法。最后本章主要通过对新零售服务供应链"质量熵"模型的评价分析，为后续对新零售服务供应链质量熵的应用及实证的进一步研究做铺垫，运用科学准确的评价模型评估预测新零售服务供应链内部绩效的现实问题。

第七章 不同协同模式下新零售服务供应链质量稳态行为

　　从目前学者对服务供应链运营策略的研究来看，近年来国内外学者在服务供应链协调与优化方面取得了丰硕的成果。但仍然存在以下几个方面的不足：①在研究对象方面，目前服务供应链的应用研究主要集中在旅游、物业、物流和养老物流服务、软件外包、航空、医疗等行业领域，对零售服务供应链服务质量优化的研究较少；②在研究视角方面，近年来部分学者开始关注服务质量、服务努力以及服务水平对服务供应链优化的影响，但研究服务质量稳态决策以及服务供应链质量稳态共生机制的较少，将服务质量稳态作为服务供应链优化的充要条件进行研究的文献还不多见；③目前更多服务供应链研究主要侧重在决策者完全理性的基础上，一般都假定服务供应链节点企业是完全理性，并未考虑质量偏好对其所产生的影响，这样将导致研究结果与现实情况存在较大的偏差。因此，本章构建了由功能服务提供商与零售服务集成商组成的零售服务供应链模型，通过分析体现成本和需求满足的产品/服务质量的属性特征，建立不同质量偏好下零售服务供应链质量投入、合作、协调的动态优化模型，并采用微分博弈的方法，求解四种不同情形下零售服务供应链参与成员的最优质量行为、最优收益以及形成条件和策略组合，进行对比分析。

第一节 基本假设

　　本章在不同质量合作方式下考虑由单个功能服务提供商（FSS）和单个零售服务集成商（RSI）组成的两级服务供应链；功能服务提供商生产或提供单一专

·92·

业产品或服务给零售集成商进行分销、传递给终端消费者。由于消费者对质量的偏好是异质多维的，即零售服务集成商交付给消费者的质量不仅包含了有形产品质量还有无形服务质量，因此本章的质量是一个包含了产品质量和服务质量在内的泛质量概念。在此消费偏好的约束下，FSS 和 RSI 之间的质量合作方式可以划分为质量独立决策和质量集成决策两种；在两类不同质量合作方式下又形成了四种不同的服务供应链合作模式：批发分散、批零分销、服务共享和零售联盟；在这四种不同合作情形下，前两类属于 FSS 主导下的供给推动情形，后两者属于 RSI 主导下的需求拉动情形，不同情形下零售服务供应链的最优质量行为和最优收益水平是否存在差异，值得进一步探讨。因此本章围绕不同质量合作下两级零售服务供应链的质量协调机制，运用博弈分析对四种服务模式的最优质量行为和最优收益水平进行比较研究。在相关研究并结合实际观察的基础上，特做出如下假设：

H1：零售服务供应链中 FSS 和 RSI 双方质量均会影响市场需求。为了探讨双边服务质量波动对零售服务供应链成员决策的影响，直观展现有关规律，在已有关于市场需求函数的基础上，引入双方服务质量，采用以下函数描述市场需求与双方服务质量和产品价格的关系：$D = D_0 - aP + kQ(t)$，其中，a 为需求的价格弹性系数，表示在双方服务质量不变时商品价格变化一个单位所引起市场需求的变化量；k 为需求的服务质量弹性系数，表示在双方协定交易价格不变时双方所达成服务质量变化一个单位所引起市场需求的变化量。$Q(t)$ 代表了零售服务供应链中服务供应商与服务集成商参与双方的服务质量水平，其由参与双方共同努力决定。在现实中我们发现，不同的服务供应链参与主体双边关系表现出了不同的合作产出函数。目前文献对此函数大致有两种界定：第一类认为服务供应链参与双方的合作产出函数为传统的线性合作关联，即认为 FSS 与 RSI 之间的组合质量是双方质量行为付出的叠加，非相关，采用了 $Q(t) = \alpha x(t) + \beta y(t) - \gamma Q(t)$，其中 α、β 分别代表服务提供商和服务集成商的质量努力敏感系数。第二类认为服务供应链参与双方的合作产出函数为连续可微的柯布—道格拉斯生产函数，服务质量函数由服务供应商和服务集成商双边共同努力水平决定，且正相关，采用了 $Q(t) = \varpi x(t)^{\alpha} y(t)^{\beta} - \gamma Q(t)$，$\gamma$ 代表质量行为付出的弹性系数，当 $\alpha + \beta = 1$ 时，认为两者集成达到规模经济水平（可认为两者的质量匹配达到最优点），当 $\alpha + \beta < 1$ 时，认为两者集成存在规模不经济。

H2：假设 $D_0 - a \cdot P > 0$，即在不考虑双方服务水平的情况下市场仍然存在正向需求。本章认为零售服务供应链在线服务参与双方均存在一个基本服务质量，即 FSS 与 RSI 之间在参与在线交易与合作前无须努力就已具备的服务水平。秦星红等（2014）认为，基本服务水平的客观存在及其程度高低对于契约缔结后各方的服务决策存在影响并会通过服务成本影响各参与方和整个系统的利润。但对其在服务供应链服务质量中的重要角色和演化过程没有进行充分的阐释。事实上，服务质量是一个持续发展、螺旋动态演化的过程，前阶的服务质量是后阶服务质量的基础和延伸条件。因此，引入基本服务质量更能充分反映新零售服务供应链服务质量的发展实际。对于服务成本，本章沿用 $C(x) = \frac{1}{2} \cdot v \cdot x^2$ 的形式，其中，x 代表特定服务提供者的服务质量努力/付出，v 代表特定服务提供者的服务成本系数，其值越大，表明提高相同服务水平带来的成本也越高。在考虑基本服务水平的情况下，本章扩展上述服务成本函数，现给出考虑基本服务质量的 FSS 服务成本函数为：$C(x) = \frac{1}{2} \cdot \mu \cdot x^2$，RSI 的服务成本函数为：$C(y) = \frac{1}{2} \cdot \eta \cdot y^2$，其中 μ 和 η 分别是 FSS 与 RSI 的服务成本能力系数，它们越大，说明相同的服务水平提升带来的成本越高；x_0 和 y_0 分别为 FSS 与 RSI 的基本服务水平。显然，只有当企业的服务水平高于其基本服务水平时，才能产生成本，反之不产生服务成本。

H3：假设 FSS 与 RSI 都是理性个体，且风险偏好都为中性，共同拥有信息和服务知识；假设 FSS 在市场交易中是有利可图的；同时，假设 FSS 对商品价格拥有自主决定权，可以根据市场需求和顾客反馈调整商品价格，即 P、x、y 均为内生变量；而市场需求、服务成本以及相关系数的确定是各参与方市场博弈的结果，属于外生变量。

第二节　模型构建与分析

一、批发经销模型

在分散式决策情形下，零售服务供应链中的 FSS 与 RSI 均是独立的服务参与主体，各自行为均是以自我利益最大为出发点构成的，双方按照传统"批发—经销"契约予以合作，双方之间采用的是市场价格契约（如批量定价）制度。FSS 会根据自身产品及服务生产成本，并结合自身对市场需求的预判，制定服务价格策略及相应的服务质量努力/付出（x）；而 RSI 在估算自我市场需求的前提下，在 FSS 给出的服务价格策略及质量努力水平的基础上，进行服务采购，并结合自身市场前景预判以及上一期合作结果感知，确定自己的服务价格策略以及服务质量努力水平（y）。这样一来分散式服务供应链的参与双方就构成了一个非合作博弈模型。在分散式服务供应链情形下，市场需求与服务参与双方的价格策略与质量努力息息相关。由于服务参与双方是独立的主体，在质量上呈现出的是一种典型的水平叠加效应。因此，该情形下的服务质量努力水平函数可以表示为：$Q(t)=\alpha x(t)+\beta y(t)-\gamma Q(t)$，其中 α、β 分别代表 FSS 和 RSI 的质量努力敏感系数，γ 代表零售服务供应链的质量衰减系数。在此种情景下，双方都以各自利润最大化为合作决策点，在无限时间内 FSS 和 RSI 的利润以相同的贴现因子 ρ 进行贴现，此时 FSS 和 RSI 的目标函数分别为：

$$F(x_1)=\int_0^\infty e^{-\rho t}\left\{\varphi\cdot P\cdot(D_0-a\cdot P+k\cdot Q)-\frac{1}{2}\cdot\mu\cdot x_1^2\right\}dt \tag{7-1}$$

$$F(y_1)=\int_0^\infty e^{-\rho t}\left\{(1-\varphi)\cdot P\cdot(D_0-a\cdot P+k\cdot Q)-\frac{1}{2}\cdot\eta\cdot y_1^2\right\}dt \tag{7-2}$$

假设模型中的动态参数是一个与时间无关的常数，此时 FSS 和 RSI 的最优策略组合为静态反馈纳什均衡。为了使得整个零售服务供应链质量的动态方程存在唯一连续的解 $Q(t)$，本章构造了一组有界、连续、可微的 FSS 最优函数值 V_{s_1} 和 RSI 最优函数值 V_{R_1}，此时最优控制问题满足 HJB（Hamilton-Jacobi-Bellman，HJB）方程如下：

$$\rho\cdot V_{S_1}=\max\left\{\varphi\cdot P\cdot(D_0-a\cdot P+k\cdot Q)-\frac{1}{2}\cdot\mu\cdot x^2+V'_{S_1}\cdot(\alpha\cdot x+\beta\cdot y-\gamma\cdot Q)\right\} \tag{7-3}$$

$$\rho\cdot V_{R_1}=\max\left\{(1-\varphi)\cdot P\cdot(D_0-a\cdot P+k\cdot Q)-\frac{1}{2}\cdot\eta\cdot x_1^2+V^d_{R_1}\cdot\right.$$
$$\left.(\alpha\cdot x_1+\beta\cdot y_1-\gamma\cdot Q)\right\} \tag{7-4}$$

对式（7-3）和式（7-4）关于 x 和 y 求一阶偏导，并令其等于零，可得：

$$x_1=\frac{\alpha\cdot V'_{S_1}}{\mu};\quad y_1=\frac{\beta\cdot V'_{S_1}}{\eta} \tag{7-5}$$

将式（7-5）代入 HJB 方程整理可得：

$$\rho V_{S_1}=(\varphi Pk-V^d_{S_1}\gamma)Q+\varphi P(-aP+D_0)+V^d_{S_1}\left(\frac{\alpha^2 V^d_{R_1}}{2\mu}+\frac{\beta^2 V^d_{R_1}}{\eta}\right) \tag{7-6}$$

$$\rho V_{R_1} = \{(1-\varphi)Pk - V_{R_1}^d \gamma\}Q + (1-\varphi)P(-Pa+D_0) + V_{R_1}^d \left(\frac{\alpha^2 V_{S_1}^d}{\mu} + \frac{\beta^2 V_{R_1}^d}{2\eta}\right) \tag{7-7}$$

由式（7-6）和式（7-7）可知，关于 Q 的线性最优值函数是 HJB 方程的解，令 $V_{S_1} = b_1 \cdot Q + b_2$，$V_{R_1} = b_3 \cdot Q + b_4$，其中 b_1、b_2、b_3 和 b_4 均为待定常数，将 $V_S^d = b_1$、$V_R^d = b_3$ 代入式（7-8）式（7-9）中可得：

$$b_1 = \frac{\varphi P\left(((\gamma+\rho)^2(Pa-D_0)\eta + Pk^2\beta^2(-1+\varphi))\mu - \frac{P\alpha^2\eta k^2\varphi}{2}\right)}{\eta\mu\rho(\gamma+\rho)^2} \tag{7-8}$$

$$b_3 = -\frac{1}{2\eta\mu\rho(\gamma+\rho)^2}((-1+\varphi)((2(\gamma+\rho)^2(Pa-D_0)\eta + Pk^2\beta^2(-1+\varphi))\mu - 2P\alpha^2\eta k^2\varphi)P) \tag{7-9}$$

$$b_2 = \frac{\varphi Pk}{\gamma+\rho}, \quad b_4 = -\frac{Pk(-1+\varphi)}{\gamma+\rho} \tag{7-10}$$

将式（7-9）和式（7-10）代入式（7-7），即可得到 FSS 和 RSI 独立平等分散式决策情景的静态反馈纳什均衡状态值：

$$x_1^d = \frac{\alpha\varphi Pk}{(\gamma+\rho)\mu}, \quad y_1^d = -\frac{\beta Pk(-1+\varphi)}{(\gamma+\rho)\eta} \tag{7-11}$$

该纳什非合作博弈均衡状态下，FSS、RSI 以及由两者构成的零售服务供应链的最优值函数分别为：

$$V_{S_1} = \frac{1}{\eta\mu\rho(\gamma+\rho)^2}\left((((Pa+Qk-D_0)\rho + (Pa-D_0)\gamma)(\gamma+\rho)\eta + Pk^2\beta^2(-1+\varphi))\mu - \frac{P\alpha^2\eta k^2\varphi}{2}\right)\varphi P\right) \tag{7-12}$$

$$V_{R_1} = -\frac{1}{\eta\mu\rho(\gamma+\rho)^2}\left(\left(\left((Pa+Qk-D_0)\rho + (Pa-D_0)\gamma)(\gamma+\rho)\eta + \frac{Pk^2\beta^2(-1+\varphi)}{2}\right)\mu - P\alpha^2\eta k^2\varphi\right)(-1+\varphi)P\right) \tag{7-13}$$

$$V_{T_1} = \frac{1}{\eta\mu\rho(\gamma+\rho)^2}\left(\left(\left((Pa+Qk-D_0)\rho + (Pa-D_0)\gamma)(\gamma+\rho)\mu + \frac{P\varphi k^2\alpha^2(\varphi-2)}{2}\right)\eta + \frac{Pk^2\mu\beta^2(-1+\varphi)(\varphi+1)}{2}\right)P\right) \tag{7-14}$$

二、批零主从模型

批零模型是指构建以功能服务商为核心企业的服务供应链，功能服务商为了进一步激励零售商提高服务质量，向零售服务商提供一定比例的质量努力补贴/奖励，督促、激励其在质量努力上符合功能提供商的要求，此时双方的最优策略就演变成了一个静态反馈的 Stackelberg 主从均衡博弈问题。功能服务提供商首先根据企业资源及在市场中的地位决定自己的质量努力行为，并承担给零售服务商一定比例的质量补贴/奖励，系数为 σ；其次再要求零售服务商按照自己的质量努力方向与要求确定其质量行为及策略。采用逆向归纳法，第一步需要确定零售服务商的质量行为，并在此基础上确定自身合理的质量行为。该种情形下零售服务供应链参与成员的质量努力函数与分散式决策情形相同，表现出水平叠加效应。因此，在无限时间内 FSS 和 RSI 的利润以相同的贴现因子 ρ 进行贴现，此时功能服务提供商和零售服务商的目标函数分别为：

$$F_{(y_2)} = \int_0^\infty e^{-\rho t} \cdot \left\{ (1-\varphi)P \cdot (D_0 - a \cdot p + kQ) - \frac{1}{2} \cdot \eta \cdot (1-\sigma) \cdot y_2^2 \right\} dt$$

$$(7-15)$$

零售服务商的最优质量行为选择是一个单方最优化控制问题，根据最优控制原理，其最优值函数满足 HJB 方程：

$$\rho \cdot V_{S2} = \max_y \left\{ (1-\varphi)P \cdot (D_0 - a \cdot p + k \cdot Q) - \frac{1}{2} \cdot \eta \cdot (1-\sigma) \cdot y_2^2 + V_{S2}^d \cdot \right.$$

$$\left. (\alpha \cdot x_2 + \beta \cdot y_2 - \gamma \cdot Q) \right\}$$

$$(7-16)$$

由式 (7-15) 最大化求一阶偏导可得：

$$y_2^b = -\frac{V_{S2}^d \beta}{\eta(-1+\sigma)}$$

$$(7-17)$$

功能服务提供商将根据零售服务商的理性反应来确定自己的最优质量行为。其目标函数为：

$$F_{(x_2)} = \int_0^\infty e^{-\rho t} \cdot \left\{ \varphi \cdot \rho \cdot (D_0 - a \cdot p + k \cdot Q) - \frac{1}{2} \cdot \mu \cdot x_2^2 - \frac{1}{2} \cdot \eta \cdot \sigma \cdot (y_2^b)^2 \right\} dt$$

$$(7-18)$$

式 (7-18) 的最优值函数满足 HJB 方程：

$$\rho \cdot V_{R2} = \max_{x,\sigma} \left\{ \varphi \cdot P \cdot (D_0 - a \cdot p + k \cdot Q) - \frac{1}{2} \cdot \mu \cdot x^2 - \frac{1}{2} \cdot \eta \cdot \sigma \cdot (y_2^b)^2 + \right.$$

$$\left. V_{R2}^d \cdot (\alpha \cdot x_2 + \beta \cdot y_2^b - \gamma \cdot Q) \right\}$$

$$(7-19)$$

将式 (7-17) 代入最优值函数 HJB 方程中：

$$\rho \cdot V_{R2} = \max_{x,\sigma} \left\{ \varphi \cdot P \cdot (D_0 - a \cdot p + k \cdot Q) - \frac{1}{2} \cdot \mu \cdot x_2^2 - \frac{1}{2} \cdot \eta \cdot \sigma \cdot \right.$$

$$\left. \left(\frac{V_{S2}^d \beta}{\eta(-1+\sigma)} \right)^2 + V_{R2}^d \cdot \left(\alpha \cdot x_2 + \beta \cdot \frac{V_{S2}^d \beta}{\eta(-1+\sigma)} - \gamma \cdot Q \right) \right\} \quad (7-20)$$

对式（7-20）右侧求 x_3 和 σ 的一阶偏导数，并令其等于零，可得：

$$x_2 = \frac{V_{R2}^d \alpha}{\mu}, \quad \sigma = -\frac{V_{S2}^d + 2V_{R2}^d}{V_{S2}^d - 2V_{R2}^d} \quad (7-21)$$

将式（7-21）和式（7-17）分别代入式（7-16）和式（7-19），整理可得：

$$\rho V_{S2} = \frac{1}{4} \frac{1}{\eta\mu} \left(\beta^2 \mu (V_{S2}^d)^2 + ((4\alpha^2\eta - 2\beta^2\mu) V_{R2}^d - 4\gamma Q\mu\eta) V_{S2}^d - \right.$$

$$\left. 4(-1+\varphi) P(Qk - ap + D_0)\eta\mu \right) \quad (7-22)$$

$$\rho V_{R2} = \theta P(Qk - ap + D_0) + \frac{1}{2} \frac{(V_{R2}^d)^2 \alpha^2}{\mu} + \frac{1}{8} \frac{\beta^2((V_{R2}^d)^2 - 4(V_{R2}^d)^2)}{\eta} -$$

$$\frac{1}{2} \frac{V_{R2}^d \beta^2 V_{R2}^d}{\eta} + \frac{\beta^2 (V_{R2}^d)^2}{\eta} - V_{R2}^d \gamma Q \quad (7-23)$$

式（7-22）和式（7-23）表明，关于 Q 的线性最优值函数是 HJB 方程的解，令：

$$V_{S2} = Qc_2 + c_1, \quad V_{R2} = Qc_4 + c_3 \quad (7-24)$$

其中 c_1、c_2、c_3、c_4 均为待定常数，将式（7-24）及其导数分别代入式（7-22）和式（7-23）中可得：

$$c_1 = \frac{1}{2} \frac{1}{(\gamma+\rho)^2 \mu\eta\rho} \left(P\left(\left(-2(\gamma+\rho)^2(-ap+D_0)\eta + Pk^2\beta^2\left(\frac{1}{2}\varphi + \theta - \frac{1}{2}\right) \right)\mu - \right. \right.$$

$$\left. \left. 2P\alpha^2\eta k^2\theta \right)(-1+\varphi) \right) \quad (7-25)$$

$$c_3 = \frac{1}{2} \frac{1}{(\gamma+\rho)^2 \mu\eta\rho} \left(P\left(\left(-2(\gamma+\rho)^2((-Qk+ap-D_0)\varphi + \theta Qk)\eta + \right. \right. \right.$$

$$\left. \left. \left. \frac{5}{4}\theta Pk^2\beta^2\left(\theta + \frac{4}{5}\varphi - \frac{4}{5}\right) \right)\mu + \theta^2 Pk^2\alpha^2\eta \right) \right) \quad (7-26)$$

$$c_2 = -\frac{Pk(-1+\varphi)}{\gamma+\rho}, \quad c_4 = \frac{\varphi Pk}{\gamma+\rho} \quad (7-27)$$

将式（7-24）的导数代入式（7-17）和式（7-21），得到功能服务提供商主导下的静态反馈 Stackelberg 博弈均衡：

$$\overline{x_2} = \frac{Pk\varphi\alpha}{(\gamma+\rho)\mu} \tag{7-28}$$

$$\overline{y_2} = -\frac{1}{2}\frac{\beta Pk(3\varphi-1)}{(\gamma+\rho)\eta} \tag{7-29}$$

$$\sigma^* = \begin{cases} \dfrac{3\theta-1}{\theta+1} & \dfrac{1}{3}<\theta\leqslant 1 \\[3mm] 0 & \theta\leqslant\dfrac{1}{3} \end{cases} \tag{7-30}$$

将式（7-25）、式（7-26）和式（7-27）分别代入式（7-24），可得到功能服务提供商、零售服务商和服务供应链的最优值函数。

$$V_{S2} = -\frac{1}{(\gamma+\rho)^2\mu\eta\rho}\Bigg(P\Bigg(\big(\big((Qk-ap+D_0)\rho+(-ap+D_0)\gamma\big)(\gamma+\rho)\eta-$$
$$\frac{3}{4}Pk^2\Big(\varphi-\frac{1}{3}\Big)\beta^2\Big)\mu+P\alpha^2\eta k^2\varphi\Big)(-1+\varphi)\Bigg) \tag{7-31}$$

$$V_{R2} = \frac{1}{8}\frac{1}{(\gamma+\rho)^2\mu\eta\rho}\Bigg(\Big(8\big(P(-ap+D_0)(\gamma+\rho)\varphi+\varphi PQkp\big)(\gamma+\rho)\eta+$$
$$9P^2k^2\varphi\beta^2\Big(\varphi-\frac{4}{9}\Big)\Big)\mu+4\varphi^2P^2k^2\alpha^2\eta\Bigg) \tag{7-32}$$

$$V_{T2} = \frac{1}{8}\frac{1}{(\gamma+\rho)^2\mu\eta\rho}\Bigg(\Big(8\big(\big((-(-1+\varphi)Qk-ap+D_0)\rho+(-ap+D_0)\gamma\big)P+\varphi PQkp\big)$$
$$(\gamma+\rho)\eta+15\Big(\varphi^2-\frac{4}{5}\varphi+\frac{2}{15}\Big)k^2\beta^2P^2\Big)\mu-4P^2\alpha^2\eta k^2\varphi(\varphi-2)\Bigg) \tag{7-33}$$

三、服务共享模型

如果将 FSS 与 RSI 两者看作是一个利益共同体或者一体化，其系统内部不存在服务结算的问题，参与方之间仅存在唯一的决策主体，并且参与者均以零售服务供应链整体利益最大化为原则进行决策，我们将其称为集中式零售服务供应链模式，又可称为服务共享模型。在这类服务供应链中，由于 FSS 与 RSI 之间采取一致决策模式，在服务价格和服务质量策略决策上保持集中一致，即由更接近市场终端的 RSI 主导，与 FSS 双方共同根据对产品及服务生产成本并结合未来市场需求预判，制定服务价格和服务质量努力/付出。服务共享模型可以看作一个泛组织的委托—代理契约机制，服务供应链参与成员在质量努力与行为上必须是一致的，低于或者高于都不符合组织内的契约机制。

该情形下，可以将服务参与双方看作是服务供给中的两个生产要素，在两者的努力下形成了一定的服务质量产出，两者间的努力函数分布服从于柯布—道格拉斯的生产函数分布。因此，服务质量努力水平函数可以表示为：$Q(t) = \varpi \cdot x^\alpha \cdot y^\beta - \gamma \cdot Q(t)$。在此种情景下，FSS 与 RSI 双方的决策目标一致，使整个零售服务供应链整体利润最大化。在无限时间内零售服务供应链的整体利润以贴现因子 ρ 进行贴现，此时零售服务供应链的目标利润函数为：

$$F_{(x_3,\, y_3)} = \int_0^\infty e^{-\rho t} \cdot \left\{ P \cdot (D_0 - a \cdot p + k \cdot Q) - \frac{1}{2} \cdot \mu \cdot x_3^2 - \frac{1}{2} \cdot \eta \cdot y_3^2 \right\} dt$$

$$(7-34)$$

此时最优控制问题满足 HJB 方程：

$$\rho \cdot V_3 = \max_{x,y} \left\{ P \cdot (D_0 - a \cdot p + k \cdot Q) - \frac{1}{2} \cdot \mu \cdot x_3^2 - \frac{1}{2} \cdot \eta \cdot y_3^2 + V_3^d \cdot \right.$$

$$\left. (\varpi \cdot x_3^\alpha \cdot y_3^\beta - \gamma \cdot Q) \right\}$$

$$(7-35)$$

对式（7-35）右侧求 x_2 和 y_2 的一阶偏导数，并令其等于零，可得：

$$x_3 = e^{-\frac{\ln\left(\frac{V_3^d \varpi \alpha}{\mu}\right)}{\alpha+\beta-2}}, \quad y_3 = e^{-\frac{\ln\left(\frac{V_3^d \varpi \beta}{\eta}\right)}{\alpha+\beta-2}}$$

$$(7-36)$$

由于集中式决策情景下 $\alpha+\beta=1$，因此式（7-36）可以简化为：

$$x_3 = \frac{V_3^d \varpi \alpha}{\mu}, \quad y_3 = \frac{V_3^d \varpi \beta}{\eta}$$

$$(7-37)$$

将式（7-37）代入 HJB 方程可得：

$$\rho V_3 = (-V_3^d \gamma + Pk) Q + P(-ap + D_0) - \frac{1}{2} \frac{(V_3^d)^2 \varpi^2 \alpha^2}{\mu} - \frac{1}{2} \frac{(V_3^d)^2 \varpi^2 \beta^2}{\eta}$$

$$+ \varpi V_3^d \left(\frac{V_3^d \varpi \alpha}{\mu}\right)^\alpha \left(\frac{V_3^d \varpi \beta}{\eta}\right)^\beta$$

$$(7-38)$$

由式（7-38）可知，关于 Q 的线性最优值函数是 HJB 方程的解，令 $V_2 = e_1 + e_2 \cdot Q$，其中 e_1、e_2 均为待定常数，则 $V_2^d = e_2$，代入式（7-20）中可得：

$$d_1 = -\frac{1}{2} \frac{1}{(\gamma+\rho)^2 \mu \eta \rho} \left(\left(-2\varpi \left(\frac{Pk\varpi\beta}{(\gamma+\rho)\eta}\right)^\beta k\mu\eta(\gamma+\rho) \left(\frac{Pk\varpi\alpha}{(\gamma+\rho)\mu}\right)^\alpha + \right. \right.$$

$$\left. \left. (-2(\gamma+\rho)^2(-ap+D_0)\mu + P\varpi^2 k^2 \alpha^2)\eta + Pk^2\varpi^2\beta^2\mu \right) P \right)$$

$$(7-39)$$

$$d_2 = \frac{Pk}{\gamma+\rho}$$

$$(7-40)$$

将 $V_3^d = \dfrac{Pk}{\gamma+\rho}$ 代入式（7-37）可得集中决策情景下的静态反馈纳什均衡：

$$x_3 = \frac{Pk\varpi\alpha}{(\gamma+\rho)\mu}, \quad y_3 = \frac{Pk\varpi\beta}{(\gamma+\rho)\eta} \tag{7-41}$$

此时零售服务供应链的最优函数值为：

$$V_3 = -\frac{1}{2}\frac{1}{(\gamma+\rho)^2\mu\eta\rho}\left(\left(-2\varpi\left(\frac{Pk\varpi\beta}{(\gamma+\rho)\eta}\right)^\beta k\mu\eta(\gamma+\rho)\left(\frac{Pk\varpi\alpha}{(\gamma+\rho)\mu}\right)^\alpha + \right.$$

$$\left. (-2((Qk-ap+D_0)\rho+\gamma(-ap+D_0))(\gamma+\rho)\mu+P\varpi^2k^2\alpha^2)\eta+Pk^2\varpi^2\beta^2\mu\right)P\right) \tag{7-42}$$

四、零售联盟模型

传统的合作模式在很大程度上难以适应发展，越来越多的 FSS 为了与 RSI 建立稳固的市场合作关系，采用了收益共享契约来激励与约束服务供应双方的市场行为。在此契约下 RSI 会采取薄利多销的方式，以较低的价格销售 FSS 提供的产品服务，从另一个角度而言，RSI 会降低自己的利润空间，来吸引更多的销量；FSS 会承诺将其产品或服务收益中的（$1-\varphi$）作为回报补贴给 RSI，而只保留其总收益的 $\varphi(0<\varphi<1)$。在该契约下，双方博弈的时序与分散式供应链模式相类似。但在服务供给质量保障方面，双方都按照集中式供应链模式进行服务质量的设计与供给，且 FSS 将以集中决策时的商品和服务价格提供给 RSI。同时要求 RSI 直接采用统一价格进行销售，该情形下不再产生流通价格差，RSI 直接通过销售利润提成比例共享服务供应链收益。在无限时间内 FSS 和 RSI 的利润以相同的贴现因子 ρ 进行贴现，此时 FSS 和 RSI 的目标函数分别为：

$$F_{(x_4)} = \int_0^\infty e^{-\rho t}\left\{\varphi \cdot P \cdot (D_0 - a\cdot p + k\cdot Q) - \frac{1}{2}\cdot\mu\cdot x_4^2\right\}dt \tag{7-43}$$

$$F_{(y_4)} = \int_0^\infty e^{-\rho t}\left\{(1-\varphi)\cdot P\cdot(D_0 - a\cdot p + k\cdot Q) - \frac{1}{2}\cdot\eta\cdot y_4^2\right\}dt \tag{7-44}$$

此时最优控制问题满足 HJB 方程如下：

$$\rho\cdot V_{S4} = \max_x\left\{\varphi\cdot P(D_0-ap+kQ) - \frac{1}{2}\mu x_4^2 + V_{S4}^d\cdot(\varpi x_4^\alpha y_4^\beta - \gamma Q)\right\} \tag{7-45}$$

$$\rho\cdot V_{R4} = \max_y\left\{(1-\varphi)\cdot P(D_k-ap+D_0) - \frac{1}{2}\eta y_4^2 + V_{R4}^d\cdot(\varpi x_4^\alpha y_4^\beta - \gamma Q)\right\} \tag{7-46}$$

对式（7-45）和式（7-46）关于 x 和 y 求一阶偏导，并令其等于零，可得：

$$x_4 = e^{-\frac{\ln\left(\frac{V_{S4}^d \varpi \alpha}{\mu}\right)}{\alpha+\beta-2}}, \quad y_4 = e^{-\frac{\ln\left(\frac{V_{R4}^d \varpi \beta}{\mu}\right)}{1-2}} \tag{7-47}$$

由于功能服务提供商与零售服务集成商之间在质量努力系数之间存在 $\alpha+\beta=1$ 的关系，自然可得到简化式如下：

$$x_4 = \frac{V_{S4}^d \varpi \alpha}{\mu}, \quad y_4 = \frac{V_{R4}^d \varpi \beta}{\eta} \tag{7-48}$$

式（7-45）和式（7-46）表明，关于 Q 的线性最优值函数是 HJB 方程的解，令：

$$V_{S2} = Qc_2 + c_1, \quad V_{R2} = Qc_4 + c_3 \tag{7-49}$$

即可求解得到：

$$e_1 = \frac{1}{(\gamma+\rho)^2 \eta\rho}\left(P\left(\varpi\left(\frac{Pk\varphi\varpi\alpha}{(\gamma+\rho)\mu}\right)^\alpha k\mu(\gamma+\rho)\left(-\frac{(-1+\varphi)Pk\varpi\beta}{(\gamma+\rho)\eta}\right)^\beta + (\gamma+\rho)^2\right.\right.$$

$$\left.\left.(-ap+D_0)\mu - \frac{1}{2}Pk^2\varphi\varpi^2\alpha^2\right)\varphi\right) \tag{7-50}$$

$$e_3 = -\frac{1}{2}\frac{1}{(\gamma+\rho)^2\eta\rho}\left(P\left(2\varpi\left(\frac{Pk\varphi\varpi\alpha}{(\gamma+\rho)\mu}\right)^\alpha k\eta(\gamma+\rho)\left(-\frac{(-1+\varphi)Pk\varpi\beta}{(\gamma+\rho)\eta}\right)^\beta + 2(\gamma+\rho)^2\right.\right.$$

$$\left.\left.(-ap+D_0)\eta + Pk^2\varpi^2\beta^2(-1+\varphi)\right)(-1+\varphi)\right) \tag{7-51}$$

$$e_2 = \frac{Pk\varphi}{\gamma+\rho}, \quad e_4 = -\frac{(-1+\varphi)Pk}{\gamma+\rho} \tag{7-52}$$

将式（7-52）代入式（7-48），可得到：

$$x_4^* = \frac{Pk\varphi\varpi\alpha}{(\gamma+\rho)\mu}, \tag{7-53}$$

$$y_4^* = \frac{(-1+\varphi)Pk\varpi\beta}{(\gamma+\rho)\eta} \tag{7-54}$$

此时功能服务提供商、零售服务集成商和零售服务供应链的最优函数值为：

$$V_{S4} = -\frac{1}{2}\frac{1}{(\gamma+\rho)^2\mu\rho}\left(\left(-2\varpi y_4^\beta k\mu(\gamma+\rho)\left(\frac{Pk\varphi\varpi\alpha}{(\gamma+\rho)\mu}\right)^\alpha - 2(\gamma+\rho)((Qk-ap+D_0)\rho + \right.\right.$$

$$\left.\left.\gamma(-ap+D_0))\mu + Pk^2\varphi\varpi^2\alpha^2\right)P\varphi\right) \tag{7-55}$$

$$V_{R4} = -\frac{1}{2}\frac{1}{(\gamma+\rho)^2\eta\rho}\left(\left(2\varpi\left(\frac{Pk\varphi\varpi\alpha}{(\gamma+\rho)\mu}\right)^\alpha k\eta(\gamma+\rho)\left(-\frac{(-1+\varphi)Pk\varpi\beta}{(\gamma+\rho)\eta}\right)^\beta + \right.\right.$$

$$2\left(\left((-Qk-ap+D_0)\rho+\gamma(-ap+D_0)\right)(\gamma+\rho)\eta+Pk^2\varpi^2\beta^2(-1+\varphi)\right)P(-1+\varphi)\right)$$

$$(7-56)$$

$$V_{T4}=\frac{1}{2}\frac{1}{(\gamma+\rho)^2\mu\rho\eta}\left(P\left(-4\eta\mu(\gamma+\rho)\left(\frac{Pk\varphi\varpi\,\alpha}{(\gamma+\rho)\mu}\right)^\alpha\varpi k\left(\varphi-\frac{1}{2}\right)\right.\right.$$

$$\left(-\frac{(-1+\varphi)Pk\varpi\,\beta}{(\gamma+\rho)\eta}\right)^\beta+\left(-4(\gamma+\rho)\left(\left((-ap+D_0)\varphi+\frac{1}{2}kQ+\frac{1}{2}ap-\frac{1}{2}D_0\right)\rho+\right.\right.$$

$$\left(\varphi-\frac{1}{2}\right)\gamma(-ap+D_0)\right)\eta-P\varpi^2k^2\beta^2(-1+\varphi)^2\right)\mu+\varpi^2P\alpha^2\eta k^2\varphi^2\right)\right)\quad(7-57)$$

第三节　比较分析

一、不同情形下 FSS 与 RSI 的最优质量行为比较

上文对四种零售服务供应链博弈模型进行了构建，并计算出了不同博弈情景下最优质量行为。根据计算出的式（7-58）、式（7-59）、式（7-60）和式（7-61）可知：

$$x_1^*=x_2^*=\frac{\alpha\varphi Pk}{(\gamma+\rho)\mu},\quad x_3^*-x_2^*=\frac{P\alpha k(\varpi-\varphi)}{(\gamma+\rho)\mu}\geqslant0 \tag{7-58}$$

$$x_4^*-x_3^*=\frac{\alpha\varpi Pk(\varphi-1)}{(\gamma+\rho)\mu}\leqslant0,\quad x_4^*-x_2^*=\frac{\alpha\varphi Pk(\varpi-1)}{(\gamma+\rho)\mu}\geqslant0 \tag{7-59}$$

因此，可以得出：$x_1^*=x_2^*\leqslant x_4^*\leqslant x_3^*$

$$y_2^*-y_1^*=-\frac{1}{2}\frac{\beta Pk(\varphi+1)}{(\gamma+\rho)\eta}<0,\quad y_3^*-y_1^*=\frac{\beta Pk(\varpi+\varphi-1)}{(\gamma+\rho)\eta}\geqslant0 \tag{7-60}$$

$$y_4^*-y_3^*=-\frac{\beta\varpi Pk\varphi}{(\gamma+\rho)\eta}\leqslant0,\quad y_4^*-y_1^*=-\frac{\beta(\varphi-1)Pk(\varpi-1)}{(\gamma+\rho)\eta}\geqslant0 \tag{7-61}$$

因此，可以得出：$y_2^*<y_1^*\leqslant y_4^*\leqslant y_3^*$。

在功能服务提供商的最优质量行为方面，与传统的分散式批发模型相比，以功能服务提供商为主导的批零结合的主从模型中功能服务提供商的质量行为与分散式一致，并没有得到改善；但在服务质量集成情形下，无论是在零售联盟还是在纵向一体模型中，功能服务提供商的质量行为都得到了改善与提高，而其中纵

向一体合作模型中的改善最大。

在零售服务集成商的最优质量行为方面，与传统分散式批发模型相比，以供应商为主导的批零主从模型并不能激发零售服务集成商改善质量的积极性，甚至产生一定的负向效应；但在服务质量集成条件下，无论是纵向一体还是零售联盟模型中零售服务集成商改善质量行为的积极性相比之前都有所改善，尤其是在纵向一体的共享合作模型上，零售服务集成商所表现出来的质量行为最为强烈。由此也可以看出，功能服务提供商、零售服务集成商的质量行为不会因为不同博弈类型而改变，但会随着不同质量合作条件下的博弈情形而改变，这也意味着在零售服务供应链中，功能服务提供商与零售服务集成商之间质量行动的一致性、质量集成水平对各自的质量行为付出有着较为重要的影响。

二、不同情形下最优利润比较

根据计算出的式（7-58）、式（7-59）、式（7-60）和式（7-61），并进行比较可知：

从不同情形下 FSS 的最优收益来看，

当 $\frac{1}{3} < \phi < \frac{2}{3}$ 时，$V_2 - V_1 \geqslant 0$，$V_4 - V_2 \geqslant 0$，

当 $\varphi < \frac{1}{2}$ 时，$V_4 - V_3 \geqslant 0$；

在此条件 $\frac{1}{3} < \phi < \frac{1}{2}$ 可以得出：$V_1 < V_2 < V_3 < V_4$。

若 $\frac{1}{2} \leqslant \phi < \frac{2}{3}$，且 $\varpi \geqslant \frac{3}{2}$，$V_4 - V_3 \leqslant 0$，

可以得出：$V_1 < V_2 < V_4 < V_3$。

从四种不同博弈情形的最优利润来看，供应商主导的批零主从博弈模型最优收益要好于分散式非合作的纯批发模型；在质量集成条件下，无论是以 RSI 为主导的质量联盟模型还是以合作共享的新零售模型的最优收益均要高于非质量合作情形的收益，且能更好地激发 FSS 和 RSI 的质量改进行为，产生帕累托改进动力。由此可知，参与主体间的质量合作所产生的最优收益高于传统基于利益分配的合作，在质量集成和改进下，整个零售服务供应链的收益都会得到改善，是一种有效的帕累托改进方式。

在质量集成的两种情形下，φ 值成为了 FSS 与 RSI 两者间选择合作还是独立经营的"分水岭"。当 FSS 与 RSI 间的收益分配系数 $\varphi < \frac{1}{2}$ 时，四种不同博弈情形

下的服务供应链最优收益为：$V_1 < V_2 < V_3 < V_4$，即当 $\varphi < \dfrac{1}{2}$ 时，两者更可能选择以零售服务集成商为主导的主从 Stackelberg 博弈模型，其中 FSS 更愿意采取供应链质量集成，但经营独立的方式参与零售服务供应链经营，在保证质量集成的约束条件下，按照 φ 分配比例获取服务供应链收益。而当 $\varphi \geqslant \dfrac{1}{2}$ 时，且质量集成系数 $\varpi \geqslant \dfrac{3}{2}$ 时，四种不同博弈情形的收益为 $V_1 < V_2 < V_4 < V_3$；从中我们可以看出，在此条件下无论 FSS 和 RSI 的收益是否得到了改善，这个排序分布与之前分析的参与主体服务质量改进行为的排序都一致。

第四节　数值算例

结合上文模型构建与分析，本章以中国 JS 零售连锁企业为实例，利用 Maple 软件对不同情形下的零售服务供应链参与成员的最优质量行为、最优收益情况进行数值仿真分析。JS 公司为一家综合连锁零售企业，2015 年开始进入新零售领域，构建了线上线下交互的全渠道零售服务体系，由传统的批发、零售转为了以零售服务集成为主的现代零售服务供应链运营企业，近些年该企业的新零售模型效果显著，但过程中同样存在如何协调 FSS、RSI 的服务质量行为以及整体零售服务供应链的最优收益的问题。经过企业的实地访谈与调查，且结合本章模型仿真需求，将部分初始模型参数设置如下：$D_0 = 100$，$a = 0.6$，$P = 2$，$\eta = 0.3$，$\mu = 0.4$，$\alpha = 0.4$，$\beta = 0.3$，$\rho = 0.2$，$\sigma = 0.25$，$\varphi = 0.35$，$\gamma = 0.8$。

图 7-1（a）和图 7-1（b）分别为分散式决策情形和批零主从合作情形下零售服务供应链成员 FSS 和 RSI 服务质量行为对 RSSC 最优收益的影响分布。从中可以看出在设置的初始参数下，批零主从合作情形下的整个服务供应链的最优收益要高于分散式非合作情形。这也意味着该企业在 FSS 与 RSI 双方对质量集成未达成的条件下，采用批零主从合作零售服务供应链协同模式更有利于双方在服务供应链的收益增加。从另一侧面也证明了相对传统的纯批发分散式决策模型，可以实现帕累托改进。图 7-1（c）和图 7-1（d）分别为质量集成条件下零售合作情形和服务一体情形下 FSS 和 RSI 服务质量行为对 RSSC 最优收益的影响分布。从中可以看出：①质量集成条件下，RSSC 的最优收益曲线存在明显的"拐点"，

即存在区间差异效应；②在该企业所设置参数下，服务一体合作情形的最优收益要高于零售合作情形的最优收益，且两种模式成员的质量行为对链条整体最优收益的影响趋势存在明显的差异性，服务一体合作情形呈现出了凹函数特征，而零售合作模型呈现出了凸函数特征。

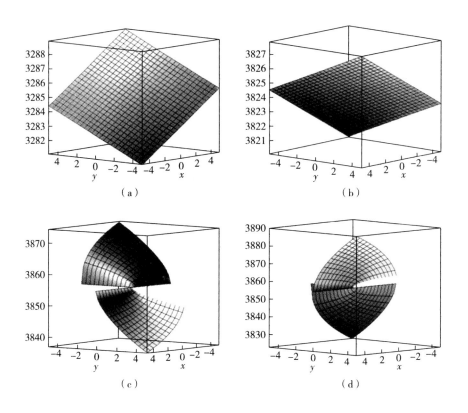

图7-1　四种不同情形下 FSS 与 RSI 质量行为对 RSSC 最优收益的影响趋势

图7-2反映了不同质量合作情形下弹性系数 α 和 β 对零售服务供应链 FSS 和 RSI 的影响。从中可以看出，在该企业初始设置参数下采取服务共享的纵向合作模式对 FSS 和 RSI 的质量改善行为最为有效，其次分别为收益共享的零售联盟分销模式和传统的批发模式。值得一提的是，在该企业如采用批零主从合作模式，在初始设置的情形下，虽对 FSS 的质量改善行为相比分散式批发模型没有变化，但对 RSI 而言，其质量改善行为呈现出负向，即可认为这种模式在该企业不适用。究其原因在于分配系数的影响，φ 值超出了双方合作约束的边界范围。图7-3反映了零售服务供应链中 FSS 与 RSI 间的分配系数对四种不同合作情形的

影响，图 7-3 中各条曲线特征印证了前文所提出的分析结论，服务共享模型采取的是纵向一体合作方式，不受分配系数的影响，但其在整体上对 FSS 和 RSI 两者的质量行为促进作用最大，这也验证了"一致共赢"的合作博弈思维。其次分别为零售分销联盟、分散式合作和批零主从，其中批零主从情形下的可行条件为 φ 小于 1/3，否则 RSI 缺乏质量改善行为，对整体服务供应链的发展产生负向影响。

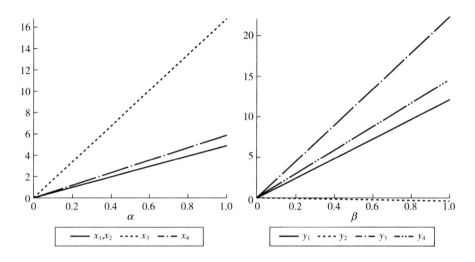

图 7-2　不同情形下 α 与 β 值对 FSS 与 RSI 质量行为的影响

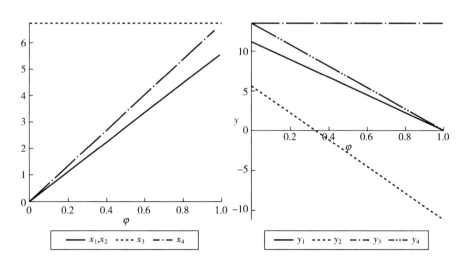

图 7-3　不同情形下分配系数 φ 对 FSS 与 RSI 质量行为的影响

本章小结

　　本章构建了由功能服务提供商与零售服务集成商组成的零售服务供应链模型，通过分析体现成本和需求满足的产品/服务质量的属性特征，建立不同质量偏好下零售服务供应链质量投入、合作、协调的动态优化模型，其中包括分散式批发模型、批零主从模型、服务共享模型和零售联盟模型；并采用微分博弈的方法，求解了四种不同情形下零售服务供应链参与成员的最优质量行为、最优收益以及形成条件和策略组合，进行了对比分析。研究发现：在质量独立决策情形下，批零主从模型相对分散批发模型而言不会产生帕累托改进效应；当服务供应链参与成员间推行质量集成的合作方式，无论是建立类似分散决策的零售联盟模型，还是采取纵向合作的服务共享模型，参与成员在最优质量行为、最优收益等方面都表现出了显著的帕累托改善；而在参与成员均采取质量集成的情形下，零售服务集成商主导下的利益分配机制和质量集成水平成为了参与成员采取选择不同模型的关键参考因素。收益分配系数 φ 与质量集成敏感系数 ϖ 的组成策略 (φ, ϖ) 成为了促进功能服务提供商和零售服务集成商合作的基础条件。

　　本章所设计的模型只探讨了完全信息情形下零售服务供应链参与服务双边主体的协调问题，对于不完全信息情形下服务供应链跨组织的质量协调、协同、集成的问题有待深入研究。此外，随着新零售时代的来临，线上服务过程中顾客更加注重服务产品信息的获得感，线下服务过程对以价格、品牌、产品生产信息等传统质量信号较为敏感，如何实现由线上线下两部分参与成员组成新零售服务供应链协同，线上线下多方参与主体对异质信息关切如何影响新零售服务供应链协调与持续发展，值得进一步的探讨。

第八章　新零售服务供应链质量稳态的主体最优行为

第一节　基本假设

结合相关研究与实际观察，本书做出如下假设：

假设零售服务供应链是一个由功能服务提供商和零售服务集成商构成的两级供应链结构，其中服务供应链的质量改进包括功能服务提供商的质量改进 $Q_m(t)$ 和零售服务集成商的质量改进 $Q_r(t)$ 两个部分。FSS 和 RSI 两个主体的质量改进努力程度分别为 $M(t)$ 和 $R(t)$，参考洪江涛等（2016）提出的质量微分博弈分析模型，将服务供应链两个质量改进的微分演化过程表示为：

$$\frac{d}{dt}Q_m(t) = \kappa_S^m \cdot D(t) + \alpha \cdot M(t); \quad \frac{d}{dt}Q_r(t) = \kappa_S^r \cdot D(t) + \beta \cdot R(t) \tag{8-1}$$

其中，α、β 是两个环节质量改进努力对服务质量的影响参数，代表了质量改进的效率特征。$D(t)$ 为时刻 t 时服务供应链的市场需求，κ_S^m、κ_S^r 分别表示 FSS 和 RSI 两个环节市场需求对质量改进影响的强度，代表服务供应链不同环节的质量作用特征。同时，我们假设初始时刻（$t=0$）服务供应链中两个环节的质量改进分别为 $Q_m(0) = Q_m^0 \geqslant 0$ 和 $Q_r(0) = Q_r^0 \geqslant 0$。

零售服务供应链中的 FSS 和 RSI 进行质量改进的成本分别设定为：

$$C_m(t) = \frac{\mu}{2} \cdot M(t)^2; \quad C_r(t) = \frac{\eta}{2} \cdot R(t)^2 \tag{8-2}$$

其中，μ 和 η 分别表示 FSS 和 RSI 质量改进努力程度对成本的弹性系数，代表了服务质量改进的成本效率特征。与此同时，由于服务市场存在显著的质量偏好特征，产品/服务市场需求与服务质量间有着紧密的关联，因此，本章将产品/服务市场需求与服务质量改进的关系设定为：

$$D(t) = D_0 - a \cdot P + \delta \cdot (Q_m(t) + Q_r(t) - Q_0) \tag{8-3}$$

其中，$\delta \geq 0$ 代表了零售服务供应链参与成员质量改进引起市场需求增长的弹性系数，$D_0 \geq 0$ 是市场的初始需求，$Q_0 = (\kappa_S^m + \kappa_S^r) \cdot D_0$ 表示服务供应链不进行质量改进的服务质量水平。

第二节　模型构建及轨迹分析

一、微分博弈模型构建

批零模型是指构建以功能服务商为核心企业的服务供应链，功能服务商为了进一步激励零售商提高服务质量，向零售服务商提供一定比例的质量努力补贴/奖励，督促、激励其在质量努力上符合功能提供商的要求，此时双方的最优策略就演变成了一个静态反馈的 Stackelberg 主从均衡博弈问题。功能服务提供商首先根据企业资源及在市场中的地位决定自己的质量努力行为，并承担给零售服务商一定比例的质量补贴/奖励，系数为 θ；然后再要求零售服务商按照自己的质量努力方向与要求确定其质量行为及策略。采用逆向归纳法，第一步首先需要确定零售服务商的质量行为，并在此基础上确定自身合理的质量行为。该种情形下零售服务供应链参与成员的质量努力函数与分散式决策情形相同，表现出水平叠加效应。因此，在无限时间内 FSS 和 RSI 的利润以相同的贴现因子 ρ 进行贴现，此时功能服务提供商的目标函数为：

$$F(M) = \int_0^\infty e^{-\rho t} \left\{ (1-\varphi) \cdot P \cdot (D_0 - a \cdot P + \delta \cdot Q) - \frac{1}{2} \cdot \mu \cdot (1-\theta) \cdot M^2 \right\} dt \tag{8-4}$$

功能服务提供商的最优质量行为选择是一个单方最优化控制问题，根据最优控制原理，其最优值函数满足 HJB 方程：

$$\rho \cdot V_M = \max_M \left\{ (1-\varphi) \cdot P \cdot (D_0 - a \cdot P + \delta \cdot Q) - \frac{1}{2} \cdot \mu \cdot (1-\theta) \cdot M^2 + V_m^d \cdot \right.$$

$$\left. (\alpha \cdot M + \beta \cdot R - \gamma \cdot Q) \right\} \tag{8-5}$$

由式（8-5）最大化求一阶偏导可得：

$$M = -\frac{V_m^d \alpha}{\mu(-1+\theta)} \tag{8-6}$$

零售服务集成商将根据功能服务提供商基于其自身资源和市场预期判断所形成理性反应，并综合考虑 RSI 其自身的资源依赖和市场势力，最终确定自己的最优质量行为。其目标函数为：

$$F(R) = \int_0^\infty e^{-\rho \cdot t} \left\{ \varphi \cdot P \cdot (D_0 - a \cdot P + \delta \cdot Q) - \frac{1}{2} \cdot \eta \cdot R^2 - \frac{1}{2} \cdot \mu \cdot \theta \cdot M^2 \right\} dt \tag{8-7}$$

式（8-7）的最优值函数满足 HJB 方程：

$$\rho \cdot V_R = \max_R \left\{ \varphi \cdot P \cdot (D_0 - a \cdot P + \delta \cdot Q) - \frac{1}{2} \cdot \eta \cdot R^2 - \frac{1}{2} \cdot \mu \cdot \theta \cdot M^2 + V_r^d \cdot \right.$$
$$\left. (\alpha \cdot M + \beta \cdot R - \gamma \cdot Q) \right\} \tag{8-8}$$

将式（8-8）代入最优值函数 HJB 方程中：

$$\rho \cdot V_R = \max_R \left\{ \varphi P(-Pa + Q\delta + D_0) - \frac{1}{2} \cdot \eta \cdot R^2 - \frac{1}{2} \frac{(V_m^d)^2 \alpha^2 \theta}{\mu(-1+\theta)^2} + V_r^d \left[-\frac{\alpha^2 V_m^d}{\mu(-1+\theta)} - \gamma Q + \beta R \right] \right\} \tag{8-9}$$

对式（8-9）右侧求 R 和 Q 的一阶偏导数，并令其等于零，可得：

$$R = \frac{V_r^d \beta}{\eta}; \quad \theta = -\frac{V_m^d - 2V_r^d}{V_m^d + 2V_r^d} \tag{8-10}$$

将式（8-6）和式（8-10）分别代入式（8-8）和式（8-9），整理可得：

$$\rho \cdot V_M = \frac{1}{4} \frac{1}{\mu V_m^d \eta} (\alpha^2 (V_m^d)^2 (V_m^d + 2V_r^d) \eta + 4\mu V_m^d ((-\gamma Q\eta + \beta^2 V_r^d) V_m^d +$$
$$P\eta(-1+\varphi)(Pa - Q\delta - D_0))) \tag{8-11}$$

$$\rho \cdot V_R = \frac{1}{8} \frac{1}{\mu \eta} ((4\alpha^2 \eta + 4\beta^2 \mu) \cdot (V_r^d)^2 - 8 \left(-\frac{1}{8} \alpha^2 (V_m^d)^2 + \left(\gamma Q\mu - \frac{1}{2} \alpha^2 V_m^d \right) V_r^d +$$
$$P\varphi\mu(Pa - Q\delta - D_0)) \eta \right) \tag{8-12}$$

式（8-11）和式（8-12）表明，关于 Q 的线性最优值函数是 HJB 方程的解，令：

$$V_M = Qc_1 + c_2; \quad V_R = Qc_3 + c_4 \tag{8-13}$$

其中，c_1、c_2、c_3、c_4 均为待定常数，将式（8-13）及其导数分别代入式（8-11）和式（8-12）中可得：

$$c_1 = -\frac{P(-1+\varphi)\delta}{\gamma+\rho}; \quad c_3 = \frac{P\delta\varphi}{\gamma+\rho} \tag{8-14}$$

$$c_2 = -\frac{\left(\left(-(\gamma+\rho)^2(Pa-D_0)\mu+\frac{1}{4}P\alpha^2\delta^2(1+\varphi)\right)\eta+P\beta^2\delta^2\mu\varphi\right)(-1+\varphi)P}{\eta\mu(\gamma+\rho)^2\rho} \tag{8-15}$$

$$c_4 = \frac{1}{2}\frac{1}{\eta\mu(\gamma+\rho)^2\rho}\left(P\left(\left(\frac{1}{4}P\varphi^2\alpha^2\delta^2+\left(-2(\gamma+\rho)^2(Pa-D_0)\mu+\frac{1}{2}P\alpha^2\delta^2\right)\varphi+\right.\right.\right.$$
$$\left.\left.\left.\frac{1}{4}P\alpha^2\delta^2\right)\eta+P\beta^2\delta^2\mu\varphi^2\right)\right) \tag{8-16}$$

式（8-14）、式（8-15）和式（8-16）中的系数 c_1、c_3 是 FSS 与 RSI 质量改进努力程度的边际利润；c_2、c_4 是两者不进行质量改进时的利润状态值。其中，c_1、c_3 值均为非负，这说明 RSSC 参与成员的质量改进行为对整个链条的利润提升存在正向影响，也印证了前文提出的"质量改进是零售服务供应链利润提升的必要条件，且其对零售服务供应链参与成员及整体链条的利润提升存在帕累托改进效应"的理论假设。

将式（8-13）的导数代入式（8-6）和式（8-10），得到 FSS 主导下的静态反馈 Stackelberg 博弈均衡：

$$M^* = \frac{1}{2}\frac{P\delta\alpha(1+\varphi)}{\mu(\gamma+\rho)}; \quad R^* = \frac{P\delta\varphi\beta}{(\gamma+\rho)\eta}; \quad \theta^* = \frac{-1+3\varphi}{1+\varphi} \tag{8-17}$$

将式（8-14）、式（8-15）和式（8-16）分别代入式（8-13），可得到功能服务商、零售服务商和服务供应链的最优值函数。

$$V_m = \frac{1}{\eta\mu(\gamma+\rho)^2\rho}\left(\left(\left((\gamma+\rho)((Pa-Q\delta-D_0)\rho+(Pa-D_0)\gamma)\mu-\right.\right.\right.$$
$$\left.\left.\left.\frac{1}{4}P\alpha^2\delta^2(1+\varphi)\right)\eta-P\beta^2\delta^2\mu\varphi\right)(-1+\varphi)P\right) \tag{8-18}$$

$$V_r = -\frac{1}{\eta\mu(\gamma+\rho)^2\rho}\left(\left(\left(-\frac{1}{8}P\varphi^2\alpha^2\delta^2+\left((\gamma+\rho)((Pa-Q\delta-D_0)\rho+(Pa-D_0)\gamma)\mu-\right.\right.\right.\right.$$
$$\left.\left.\left.\left.\frac{1}{4}P\alpha^2\delta^2\right)\varphi-\frac{1}{8}P\alpha^2\delta^2\right)\eta-\frac{1}{2}P\beta^2\delta^2\mu\varphi^2\right)P\right) \tag{8-19}$$

二、RSSC 质量轨迹分析

将式（8-3）和式（8-7）代入式（8-1）可得，并将其简化得到 RSSC 中

FSS 和 RSI 服务质量改进的微分方程组：

$$\frac{d}{dt}Q_m(t)=\kappa_m(D_0-aP+\delta(Q_m(t)+Q_r(t)-Q_0))+\alpha M \tag{8-20}$$

$$\frac{d}{dt}Q_r(t)=\kappa_r(D_0-aP+\delta(Q_m(t)+Q_r(t)-Q_0))+\beta R \tag{8-21}$$

其中，设定初值条件为 $Q_m(0)=Q_m$ 和 $Q_r(0)=Q_r$；M 和 R 分别代表前文求出的 FSS 和 RSI 的最优质量改进行为。运用 Maplesoft 2018 软件对式（8-20）和式（8-21）组成的微分方程组进行求导，并做简化处理，可算得 FSS 和 RSI 服务质量改进时间轨迹函数，分别为式（8-22）和式（8-23）：

$$Q_m(t)=\frac{1}{\delta(\kappa_m+\kappa_r)^2}(\kappa_m(((-Q_0+Q_m+Q_r)\delta-aP+D_0)\kappa_m-\kappa_r(Q_0-Q_m-Q_r)\delta+$$
$$(-Pa+D_0)\kappa_r+\alpha M+\beta R)e^{\delta(\kappa_m+\kappa_r)t}+((-R\beta t+Q_0-Q_r)\delta+aP-D_0)\kappa_m^2+$$
$$(\kappa_r(M\alpha t-R\beta t+Q_0+Q_m-Q_r)\delta+(Pa-D_0)\kappa_r-\alpha M-\beta R)\kappa_m+\kappa_r^2\delta(M\alpha t+Q_m))$$
$$\tag{8-22}$$

$$Q_r(t)=\frac{1}{\delta(\kappa_m+\kappa_r)^2}(\kappa_r(((-Q_0+Q_m+Q_r)\delta-aP+D_0)\kappa_r-\kappa_m(Q_0-Q_m-Q_r)\delta+$$
$$(-Pa+D_0)\kappa_m+\alpha M+\beta R)e^{\delta(\kappa_m+\kappa_r)t}+((-M\alpha t+Q_0-Q_m)\delta+aP-D_0)\kappa_r^2+$$
$$(-\kappa_m(M\alpha t-R\beta t-Q_0+Q_m-Q_r)\delta+(Pa-D_0)\kappa_m-\alpha M-\beta R)\kappa_r+\kappa_m^2\delta(R\beta t+Q_r))$$
$$\tag{8-23}$$

并将式（8-22）和式（8-23）求和，可得式（8-24），即为零售服务供应链质量展开情形下的质量改进努力行为的时间轨迹 $Q(t)$：

$$Q(t)=\left\{(-Q_0+Q_m+Q_r)\frac{1}{\delta}\cdot(D_0-aP)+\frac{1}{(\kappa_m+\kappa_r)\delta}\cdot(\alpha M+\beta R)\right\}\cdot e^{\delta(\kappa_m+\kappa_r)t}+$$
$$\frac{1}{(\kappa_m+\kappa_r)\delta}\cdot((Pa+\delta Q_0-D_0)\cdot(\kappa_m+\kappa_r)-(\alpha M+\delta R)) \tag{8-24}$$

从式（8-24）中可以看出，质量展开情形下 RSSC 的服务质量改进行为轨迹是一个指数函数，由于 $(\kappa_m+\kappa_r)\delta\geq0$，所以该指数函数的系数将其划分为三种不同分布：① $\frac{M\alpha+R\beta}{(\kappa_m+\kappa_r)\delta}>Z$；② $\frac{M\alpha+R\beta}{(\kappa_m+\kappa_r)\delta}<Z$；③ $\frac{M\alpha+R\beta}{(\kappa_m+\kappa_r)\delta}=Z$；其中 $Z=(Q_0-Q_M-Q_r)-\frac{1}{\delta}\cdot(D_0-aP)$。同时，将式（8-24）代入式（8-23）可得到 RSSC 的市场需求时间轨迹表达式：

$$D(t) = \delta\left(-Q_0 + Q_m + Q_r + \frac{-Pa + D_0}{\delta} + \frac{M\alpha + R\beta}{(\kappa_m + \kappa_r)\delta}\right) e^{(\kappa_m + \kappa_r)\delta t} - \frac{M\alpha + R\beta}{\kappa_m + \kappa_r} \qquad (8-25)$$

为了更加直观地表达三种不同条件下 RSSC 服务质量改进行为与市场需求的时间轨迹，我们假设：如图 8-1 所示。其中图 8-1（a）代表了当①条件满足时 RSSC 服务质量改进行为与市场需求的时间轨迹特征，从中可以看出 Q(t) 和 D(t) 两条曲线呈现出了递增的发展趋势，但前期需求对服务质量改进具有拉动效应，而后期服务质量则呈现出了显著的需求拉动效应。图 8-1（b）代表了② 条件下 RSSC 服务质量改进行为与市场需求的时间轨迹特征，两者呈现出了"先缓后急"的递减趋势，前期需求对服务质量改进行为具有一定的影响，但当质量递减水平低于需求水平时，其所表现出的急速拉低效应显著。图 8-1（c）代表了③条件下 RSSC 服务质量改进行为与市场需求的时间轨迹特征，此时两条曲线呈现出视屏状态，其并不随时间推移而发生变化。

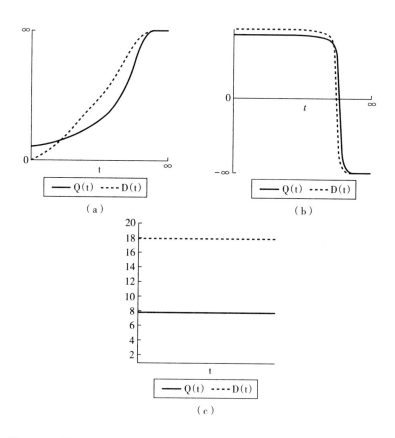

图 8-1　质量展开情形下 RSSC 的质量改进行为与市场需求时间轨迹特征

从三种条件状态下 RSSC 服务质量改进与市场需求的时间轨迹特征中，我们发现由于零售市场中消费者对以服务体验为主的服务质量存在偏好，因此市场需求与服务质量改进的时间轨迹呈现出一致的发展趋势，即通过改进服务质量能有效提升零售市场需求。但在提升过程中，两者之间存在分阶段的不同特征。在①条件下，当服务质量改进行为值低于市场需求时，市场需求的递增相对缓慢，而当质量改进行为值高于需求值时，市场需求递增效应明显，这说明在该阶段服务质量改进对市场需求的显著效应；当达到一定程度时，两者均会产生收敛效应，这在一定程度上也反映了服务质量改进存在"稳态"均衡。这一现象在图 8-1 (b) 中也得到了验证。

　　根据 RSSC 服务质量改进行为函数 Q(t) 和市场需求函数 D(t) 的系数分析，零售服务供应链要实现服务质量改进与市场需求增长两个目标的必要条件为：

$$\frac{M\alpha + R\beta}{(\kappa_m + \kappa_r)\delta} \geq Z \tag{8-26}$$

　　将式（8-17）代入式（8-26），可得：

$$\frac{P \cdot \left(\frac{1}{2} \frac{\alpha^2(1+\varphi)}{\mu} + \frac{\varphi\beta^2}{\eta} \right)}{(\gamma+\rho) \cdot (\kappa_m + \kappa_r)} > Z \tag{8-27}$$

　　由于 α 和 β 分别代表了 FSS 和 RSI 服务质量改进效率，μ 和 η 分别代表了 FSS 和 RSI 服务质量改进的成本特征，因此式（8-27）中的 $\frac{\alpha^2}{\mu}$ 和 $\frac{\beta^2}{\eta}$ 分别代表 FSS 和 RSI 在服务质量改进中的投出产出效率，即可理解为服务质量改进行为的技术特征值。φ 代表了 FSS 和 RSI 之间的收益分配比例，P 代表了市场零售价格，$\kappa_m + \kappa_r$ 代表了 RSSC 参与成员服务质量改进对市场需求的总影响程度，(r+ρ)·$(\kappa_m + \kappa_r)$ 代表了改善服务质量对 RSSC 边际利润的变动。由此可以看出，在 RSSC 不同的边际利润影响下，FSS 和 RSI 两者服务质量改进行为的投入产出效率预期在很大程度上影响了各自的行为导向与效果，也同时影响着整体链条市场需求和收益的变化。

三、RSSC 利润轨迹分析

　　从前文分析中可以看出，RSSC 利润与其链条参与成员的服务质量改进行为存在紧密关联。将式（8-25）代入式（8-18），可得 FSS 的最优利润与最优服务质量改进的时间轨迹函数：

$$V_m = \frac{1}{\delta(\kappa_m + \kappa_r)^2}(((((-Q_0 + Q_m + Q_r)\delta - aP + D_0)\kappa_r - \kappa_m(Q_0 - Q_m - Q_r)\delta + (-Pa +$$

$$D_0)\kappa_m + M\alpha + R\beta)\kappa_m e^{\delta(\kappa_m + \kappa_r)t} + \kappa_r^2\delta(M\alpha t + Q_m) + ((M\alpha t - R\beta t + Q_0 + Q_m - Q_r)\delta +$$

$$aP - D_0)\kappa_m\kappa_r - \kappa_m(\kappa_m(R\beta t - Q_0 + Q_r)\delta + (-Pa + D_0)\kappa_m + M\alpha + R\beta))c_1) + c_3$$

$$(8-28)$$

可以将 FSS 的利润轨迹函数简化表达为：

$$V_m(t) = \frac{\kappa_m}{\kappa_m + \kappa_r} \cdot \left(\frac{(M\alpha + R\beta)}{(\kappa_m + \kappa_r) \cdot \delta} - Z\right) \cdot e^{\delta(\kappa_m + \kappa_r)t} + \frac{(R \cdot \beta \cdot \kappa_m - M \cdot \alpha \cdot \kappa_r)}{\kappa_m + \kappa_r} \cdot \delta \cdot t + C$$

$$(8-29)$$

其中，$Z = (Q_0 - Q_m - Q_r) - \frac{1}{\delta} \cdot (D_0 - aP)$，$C$ 代表常数表达式，受篇幅所限，这里将简化过程及常数表达式省略。由于 $\delta(\kappa_m + \kappa_r) \geqslant 0$，式（8-29）所表达的 FSS 最优收益与服务质量改进行为的时间轨迹函数由一个指数分项和一次线性分项构成，因此可以通过判断指数分项的系数参数条件值 $\left[\frac{(M\alpha + R\beta)}{(\kappa_m + \kappa_r) \cdot \delta} - Z\right]$ 和一次线性分项中的条件参数 $\frac{(R \cdot \beta \cdot \kappa_m - M \cdot \alpha \cdot \kappa_r)}{\kappa_m + \kappa_r}$ 的正负及关系来加以轨迹分布的描述，大致可以划分为四种情形进行描述：

第一种情形：$\frac{M\alpha + R\beta}{(\kappa_m + \kappa_r)\delta} > Z$，且 $\frac{(R \cdot \beta \cdot \kappa_m - M \cdot \alpha \cdot \kappa_r)}{\kappa_m + \kappa_r} > 0$，即 $\frac{R \cdot \beta}{\kappa_r} > \frac{M \cdot \alpha}{\kappa_m}$。该情形下功能服务提供商的利润轨迹函数中两个分项都为增函数，因此该情形下的利润和服务质量改进的轨迹函数呈现出了递增趋势。值得注意的是，前期利润函数高于服务质量改进函数，但在后期当利润函数经过拐点后，增长低于服务质量改进，直到两者逐渐收敛。

第二种情形：$\frac{M\alpha + R\beta}{(\kappa_m + \kappa_r)\delta} > Z$，且 $\frac{(R \cdot \beta \cdot \kappa_m - M \cdot \alpha \cdot \kappa_r)}{\kappa_m + \kappa_r} < 0$，即 $\frac{R \cdot \beta}{\kappa_r} < \frac{M \cdot \alpha}{\kappa_m}$。该情形下功能服务提供商利润函数中指数分项为增函数，而一次线性分项为减函数，因此服务质量改进轨迹呈现递增状态，而利润轨迹函数表现为先降后增的发展趋势，直到最后收敛。

第三种情形：$\frac{M\alpha + R\beta}{(\kappa_m + \kappa_r)\delta} < Z$，且 $\frac{(R \cdot \beta \cdot \kappa_m - M \cdot \alpha \cdot \kappa_r)}{\kappa_m + \kappa_r} > 0$，即 $\frac{R \cdot \beta}{\kappa_r} > \frac{M \cdot \alpha}{\kappa_m}$。该情形 FSS 的服务质量改进轨迹为递减趋势；利润轨迹函数的指数分项为减函数，而一次线性分项为增函数，因此利润轨迹函数表现出了先缓慢增长后急速下

降的发展态势。

第四种情形：$\dfrac{M\alpha+R\beta}{(\kappa_m+\kappa_r)\delta}<Z$，且 $\dfrac{(R\cdot\beta\cdot\kappa_m-M\cdot\alpha\cdot\kappa_r)}{\kappa_m+\kappa_r}<0$，即 $\dfrac{R\cdot\beta}{\kappa_r}<\dfrac{M\cdot\alpha}{\kappa_m}$。
该情形 FSS 服务质量改进轨迹函数变现为递减趋势，而利润函数的两个分项均为减函数，因此其表现出了递减趋势，且发展形态相似。

由于 RSSC 服务质量改进轨迹递增的必要条件与利润轨迹的指数分项为同一个函数，这也就意味着，只要利润轨迹函数中的一次线性分项为递增函数，RSSC 的服务质量改进轨迹与利润轨迹能保持一致方向的正向增长。由此，可以得出 RSSC 服务质量得到改进的同时也能实现利润持续增长的必要条件为：

$$\frac{M\alpha+R\beta}{(\kappa_m+\kappa_r)\delta}>Z，\text{且}\frac{(R\cdot\beta\cdot\kappa_m-M\cdot\alpha\cdot\kappa_r)}{\kappa_m+\kappa_r}>0，\text{即}\frac{R\cdot\beta}{\kappa_r}>\frac{M\cdot\alpha}{\kappa_m} \tag{8-30}$$

图 8-2（a）即为满足必要条件情形下的 RSSC 利润时间轨迹分布。同时从图 8-2（a）和图 8-2（b）中可以看到，利润函数的指数分项 $\dfrac{(M\alpha+\beta R)}{(\kappa_m+\kappa_r)\delta}>Z$ 是 RSSC 中的 FSS 获得长期利润的必要条件，即便是一次线性分项为减函数，其整体利润函数也会经历由减变增的转换过程。函数中的一次线性分项 $\dfrac{(R\cdot\beta\cdot\kappa_m-M\cdot\alpha\cdot\kappa_r)}{\kappa_m+\kappa_r}>0$，则是 FSS 短期利润获得的必要条件，该分项能确保 FSS 在一定时期内短期收益的获得，即使在指数分项为减函数的情形下，一次线性分项也会产生“冲抵”效应。这也反映了在零售服务供应链参与成员间的合作中，参与成员 FSS 和 RSI 双方服务质量改进行为效率协调提升，是保证 RSSC 长期利润获取的前提条件；而且只有当零售服务集成商服务质量改进行为效率高于功能服务提供商服务质量行为效率时，才能更好地提升零售服务供应链的整体收益。

在前文中，式（8-19）代表了 RSSC 中 RSI 的最优利润函数，将式（8-24）代入式（8-19）中，可计算得出 RSI 的利润时间轨迹：

$$V_r=c_3\left(\left(-Q_0+Q_m+Q_r+\frac{-Pa+D_0}{\delta}+\frac{M\alpha+\beta R}{(\kappa_m+\kappa_r)\delta}\right)e^{\delta(\kappa_m+\kappa_r)t}+\frac{(Pa+\delta Q_0-D_0)(\kappa_m+\kappa_r)-M\alpha-\beta R}{\delta(\kappa_m+\kappa_r)}\right)+c_4$$

$$\tag{8-31}$$

从式（8-31）所表达的函数结构来看，其 RSI 服务质量改进函数是基于服务供应链服务质量改进的表达，且 c_3 值为非负，因此其利润时间轨迹趋势与服务供应链质量改进函数分布是一致的。当 $\dfrac{M\alpha+\beta R}{(\kappa_m+\kappa_r)\delta}>Z$ 时，RSI 可实现利润最优，即认为零售服务供应链服务质量改进的必要条件就是零售服务集成商的利润增加

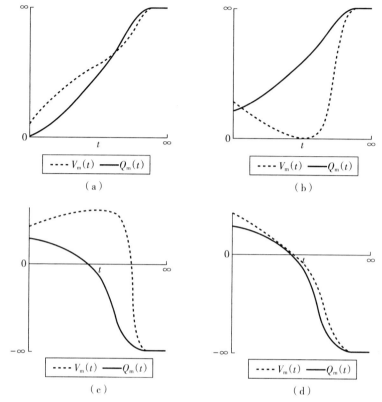

图 8-2　质量展开情形下 RSSC 的质量改进行为与 FSS 收益的时间轨迹特征

的必要条件，这也反映了零售供应链中以零售服务集成商为核心企业的主导逻辑。但与此同时，我们也必须看到 RSI 的利润轨迹与质量轨迹之间存在目标异质特征，利润轨迹不仅受到了 P、γ、ρ 和 δ 的影响，更关键的是其是否达成合作受到了系数 φ 的影响，该系数的取值范围直接决定了零售服务集成商是否愿意采取质量行为，共同提升服务供应链的利润。

第三节　协调机制与策略分析

一、合作分析

零售服务供应链的协调主要体现在功能服务提供商和零售服务集成商之间的

合作关系建立基础上。在前文所提到的微分博弈模型中，φ 和 θ 两个系数与 FSS、RSI 之间合作关系有着紧密联系，φ 反映了两者在零售市场中的利润获取后的共享（分配）比例，是一种经济合作关系；θ 则反映了两者在零售服务过程中的质量补贴比例，是一种质量合作关系。根据前文的结论，式（8-13）中的系数 c_1、c_3 分别代表了 FSS 和 RSI 质量改进的边际利润值，通过比较两个系数的表达式，我们可以看出两者之间虽然与 P、γ、ρ 和 δ 存在关联，但其决定作用在于系数 φ 的取值范围，其不仅关系到双方最优质量行为和最优利润，还关系到零售服务供应链双方的合作关系是否能够达成，且程度如何。这一现象也说明了质量合作是建立在利润分配满足双方需求的基础之上的，是否能满足参与合作双方质量改进的市场回报需求，很大程度上决定了其质量改进行为。

因此，关于零售服务供应链的质量合作是否达成，必须考虑质量成本补贴 θ 和利润分配比例 φ 两个值之间的关系。在零售服务供应链中，FSS 和 RSI 的质量改进努力程度 M 和 R 均为非负值，且两者间达成的质量合作契约通过 θ 值加以体现，自然 θ 值应在 $[0, 1]$ 范围内，合作才得以维系和有存在的可能。根据前文微分博弈的结果，零售服务供应链最优质量合作分摊成本系数 θ 值的表达式（8-32）：

$$\theta^* = \frac{-1+3\varphi}{1+\varphi}，且 \theta \in [0, 1] \tag{8-32}$$

计算可得 φ 的最优表达式（8-33）：

$$\varphi = \frac{\theta+1}{3-\theta}，且 \theta \in [0, 1] \tag{8-33}$$

根据式（8-33），可计算得出 φ 的取值范围为 $\frac{1}{3} \leq \varphi \leq 1$，这意味着在双方合作中，仅当 FSS 向 RSI 让渡大于 1/3 的收益时，RSI 才有可能产生质量合作共同提升服务供应链利润的可能。

二、稳定策略分析

前文论述了 RSSC 参与成员 FSS 和 RSI 质量改进努力行为对需求的影响，对式（8-34）分别对参与双方的最优质量行为 M^* 和 R^* 进行市场价格 P 求导可得：

$$\frac{\partial c_1}{\partial P} = \frac{(-1+\varphi)\delta}{\gamma+\rho} > 0；\quad \frac{\partial M^*}{\partial P} = \frac{1}{2}\frac{\delta\alpha(1+\varphi)}{\mu(\gamma+\rho)} > 0 \tag{8-34}$$

$$\frac{\partial c_3}{\partial P} = \frac{\delta\varphi}{\gamma+\rho} > 0；\quad \frac{\partial R^*}{\partial P} = \frac{\delta\varphi\beta}{(\gamma+\rho)\eta} > 0 \tag{8-35}$$

式（8-34）和式（8-35）中表达式均大于零，说明 FSS 和 RSI 双方的边际利润值越高，其各自的质量改进努力行为也越容易得到激励；而且市场价格与质量改进努力行为的方向一致，即当零售市场价格越高时，FSS 和 RSI 的质量改进努力行为付出的激励越强烈。但同时需要注意的是，由于质量最终确定是双方行为反馈均衡的结果，因此通常受到式（8-36）的约束：

$$\lim_{\varphi}\left(\frac{\frac{\partial M^*}{\partial P}}{\frac{\partial R^*}{\partial P}}\right)=1 \tag{8-36}$$

将式（8-34）和式（8-35）代入式（8-36），简化后可得：

$$\lim_{\varphi}\left(\frac{\frac{\partial M^*}{\partial P}}{\frac{\partial R^*}{\partial P}}\right)=\frac{1}{2}\frac{\alpha(1+\varphi)\eta}{\mu\varphi\beta}=1 \tag{8-37}$$

由于 φ 的取值范围为 $\frac{1}{3}\leq\varphi\leq1$，因此可以计算出两个点的极限值分别为：

$$\lim_{\varphi\to\frac{1}{3}}\left(\frac{\frac{\partial M^*}{\partial P}}{\frac{\partial R^*}{\partial P}}\right)=\frac{2\alpha\eta}{\mu\beta}=1\;;\quad\frac{\alpha}{\mu}=\frac{1}{2}\frac{\beta}{\eta} \tag{8-38}$$

$$\lim_{\varphi\to1}\left(\frac{\frac{\partial M^*}{\partial P}}{\frac{\partial R^*}{\partial P}}\right)=\frac{\alpha\eta}{\mu\beta}=1\;;\quad\frac{\alpha}{\mu}=\frac{\beta}{\eta} \tag{8-39}$$

由于 $\frac{\alpha}{\mu}$ 和 $\frac{\beta}{\eta}$ 分别代表了 FSS 和 RSI 质量改进行为的投入产出效率特征，即反映的是投入质量改进行为后能得到多少回报的比值。从式（8-38）和式（8-39）中可知，在零售服务供应链质量合作反馈均衡的条件下 FSS 与 RSI 的质量改进效率特征必须在 [1/2, 1] 范围内，双方质量合作有可能达到相对稳定的状态值。

第四节　数值算例

结合上文模型构建与分析，本章以中国 JS 零售连锁企业为实例，利用 Maple

软件对不同情形下的零售服务供应链参与成员的最优质量行为、最优收益情况进行数值仿真分析。JS 公司为一家综合连锁零售企业，2015 年开始进入新零售领域，构建了线上线下交互的全渠道零售服务体系，由传统的批发、零售转为了以零售服务集成为主的现代零售服务供应链运营企业，近些年该企业的新零售模型效果显著，但过程中同样存在如何协调 FSS、RSI 的服务质量行为以及整体零售服务供应链的最优收益的问题。经过企业的实地访谈与调查，且结合本章模型仿真需求，将部分初始模型参数设置如下：$D_0 = 100$，$a = 0.6$，$P = 2$，$\eta = 0.3$，$\mu = 0.4$，$\alpha = 0.4$，$\beta = 0.3$，$\rho = 0.2$，$\sigma = 0.25$，$\varphi = 0.35$，$\gamma = 0.8$。

图 8-3 中四个图分别代表了市场价格（P）、参与成员间利润分配比例（δ）、FSS 和 RSI 质量改进行为的边际利润系数对 RSSC 最优质量改进行为的影响趋势。从图 8-3（a）可以看出市场价格对该企业所主导的新零售服务供应链的质量改进行为存在显著的正向激励效应，即当市场价格越高时，参与成员的最优利润将会增加，参与双方的收益也会增加，这自然对 FSS 和 RSI 的质量改进行为予以了更大的正向激励作用。图 8-3（b）中，我们发现参与成员间的分配比例对 RSSC

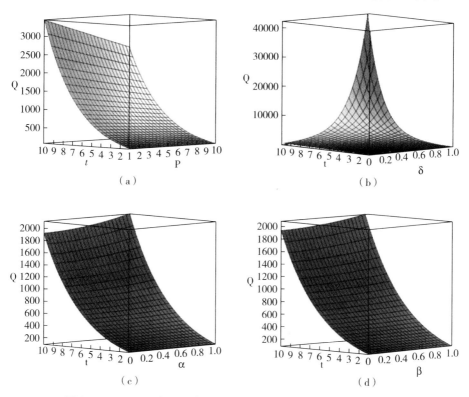

图 8-3 P、δ、α 和 β 系数对 RSSC 最优质量改进行为的影响趋势

最优质量改进行为存在区间效应，在低位区间，质量改进行为变化不大，所产生的正向激励效应不大；而在大于 1/3 后，最优质量改进行为迅猛增长，这也进一步印证了前文理论分析和推演的结果。图 8-3（c）和图 8-3（d）分别是 FSS 和 RSI 质量改进行为的边际利润对质量改进行为的影响趋势，从两图的分布来看基本特征一致，这也反映了质量改进在参与成员间存在"双赢双损"的协同效应，即双方的质量改进行为所带来的边际利润很大程度上决定了在质量上的努力程度；这一现象从另一侧面也验证了参与成员质量改进行为的协同很大程度上影响了 FSS 和 RSI 之间合作稳定和 RSSC 的持续发展。

由于新零售服务供应链以新零售服务集成商为中心，加之零售服务集成商各参数的变化趋势及影响基本与整体链条的趋势一致，所以在此我们重点运用实例数据分析了对功能服务提供商各方面的影响。图 8-4 反映的是市场价格（P）、质量改进行为对市场需求的弹性系数（δ）、FSS 与 NRSI 之间的利益分配系数（φ）和 FSS 质量改进行为的边际利润系数（α）四个因素对 FSS 最优利润的影响趋势。从图 8-4（a）中可以看出，市场价格（P）对 FSS 的质量改进行为和利

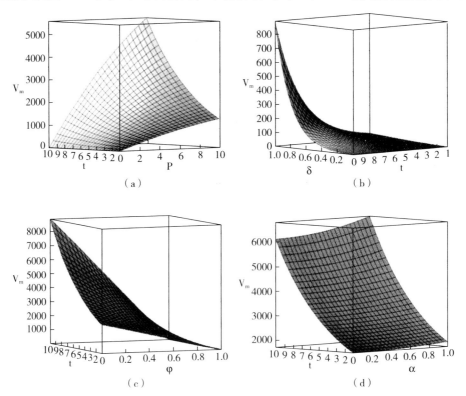

图 8-4　不同情形下分配系数 φ 对 FSS 与 RSI 质量行为的影响

润增长都有着显著的正向激励作用。图 8-4（b）反映了 FSS 质量改进行为对市场需求的弹性系数与其最优利润获取之间的关系，从中可以发现当该系数低于 1/3 时，其增长效应是有限的，且较为缓慢，而当高于该值时，对 FSS 的最优利润增长起到了显著的正向拉动效应，这与前文的论证一致，当高于该值时，新零售服务供应链双方的合作才有达成的可能，而低于此值时，则相反。图 8-4（c）反映的是 FSS 与 RSI 之间的利润分配比例对其利润获取的激励效应，由此图可以看出 1/2 是一个关键节点，其决定了双方的合作稳定和利润的持续获得。

本章小结

　　本章从服务功能展开的视角，通过分析体现成本和需求满足的服务质量合作属性，建立新零售服务供应链质量投入、合作、协调的动态优化模型，采用微分博弈方法，求解新零售服务供应链最优质量改进行为与最优收益利润及其长期的时间轨迹，并推导出实现质量合作稳定协同的形成条件和策略组合。鉴于现实中可选择的质量特征有限并考虑到零售商服务质量的现实差距，推导出促进功能服务提供商和零售服务集成商合作的质量投入条件，最后通过实例分析提出了促进新零售服务供应链的可持续发展。研究发现：①新零售服务供应链是由若干服务功能组成的复合系统，新零售服务供应链存在显著的服务质量偏好，改进服务质量能有效提升新零售服务供应链的市场需求，功能展开情形下，参与成员间的质量合作与协同能最大效应地挖掘市场需求潜力；质量改进是新零售服务供应链利润提升的必要条件，且其对新零售服务供应链参与成员及整体链条的利润提升存在显著的帕累托改进效应。②在 RSSC 不同的边际利润影响下，FSS 和 RSI 两者服务质量改进行为的投入产出效率预期在很大程度上影响了各自的行为导向与效果，也同时影响着整体链条市场需求和收益的变化。③新零售服务供应链参与成员间的合作中，参与成员 FSS 和 RSI 双方服务质量改进行为效率协调提升，是保证 RSSC 长期利润获取的前提条件；而且只有当零售服务集成商服务质量改进行为效率高于功能服务提供商服务质量行为效率时，才能更好地提升零售服务供应链的整体收益。④在新零售服务供应链质量合作反馈均衡的条件下 FSS 与 RSI 的质量改进效率特征必须在 [1/2, 1] 范围内，双方质量合作有可能达到相对稳定的状态值。

本章所设计的模型只探讨了完全信息情形下新零售服务供应链参与服务双边主体的协调问题，对于不完全信息情形下服务供应链跨组织的质量协调、协同、集成的问题有待深入研究。此外，随着新零售时代的来临，线上服务过程中顾客更加注重服务产品信息的获得感，线下服务过程对以价格、品牌、产品生产信息等传统质量信号较为敏感，如何实现由线上线下两部分参与成员组成新零售服务供应链协同，线上线下多方参与主体对异质信息关切如何影响新零售服务供应链协调与持续发展，值得进一步的探讨。

第九章　新零售服务供应链质量稳态的协同演化机制

第一节　引　言

　　随着消费与技术"双升"格局的逐步深入，消费者对企业提出了更高的"质量"要求，而作为传递服务的服务供应链必须要将质量提升到一个战略高度。质量自然也就成为了服务供应链稳定存在、有序发展和持续创新的核心要素。因此，2017年10月国务院办公厅印发的《关于积极推进供应链创新与应用的指导意见》中明确指出，随着信息技术的发展，供应链已发展到与互联网、物联网深度融合的智慧供应链新阶段；加快供应链创新与应用，提升供应链的服务效率与质量，是促进产业组织方式、商业模式和政府治理方式创新，是推进供给侧结构性改革的重要途径。质量稳态，可理解为质量稳定性，其所表现出来的是一个质量改进发展的收敛与均衡。供应链的质量稳态可以理解为在多个成员参与的供应链中，合作各方基于服务质量来建立一种稳定、有序、持续、创新的动态平衡状态。服务供应链的质量稳态问题不仅关系到服务供应链的多方参与主体的发展，还关系到国家供给侧结构性改革的有效推进。当前，我国经济正由高速发展阶段向高质量发展阶段迈进，居民对服务环境、服务氛围、服务标准、服务过程以及线上线下全渠道融合等方面提出了更高的要求，服务质量的有效供给和不断提升成为了满足人民日益增长的美好生活需要的关键内容。同时，我们也清晰地看到，新零售时代消费者需求已经从传统的商品质量需求转向全供应链服务质量的需求，产品服务化和服务制造业的发展态势日趋成型，构建运作高效、质量稳定的服务供应链逐渐成为了众多服务主导型企业发展的战略抉择。

第二节　NRSSC 质量改进的协同与演化

零售服务供应链系统是一个典型的闭环供应链结构，由来自不同区域不同类型的功能服务提供商向零售服务集成商提供有形产品或功能服务，而零售服务集成商在聚合了功能服务提供商和自身的零售服务优势，将有形产品和零售服务高质量地传递给服务需求方（客户/消费者），三个不同链条主体间的利益共享、价值匹配、能力均衡是其可持续发展的基石，而质量修正则成为了三者间博弈的工具和调适均衡状态的方法，即当消费者与零售服务集成商之间产生了利益、价值或能力上的冲突，后者会及时调整服务策略，进行质量修正，向消费者提供符合其质量需求的服务，当然，由于每个主体的经济性约束，这种改进往往是有限的，并不会突破成本经济性边界，暂且可以将其称为"质量调适"。在此情形下，作为核心主体的零售服务集成商会继续向功能服务提供商提出与之相适应的功能调节策略需求，而后者会及时根据零售服务集成商的需求调整"质量修正"，以提供更加符合集成商的产品或功能，同样在某种程度上，提供商的调适空间也是有限的。

（1）质量改进的认知种群与行为模式。信息不对称性、传递滞后性以及导致新零售服务质量在不同层次、不同情境下的行为交互存在时滞效应，参与成员根据前期顾客期望调整当期服务质量标准，而顾客用当期期望测量新零售服务供应链通过服务终端传递的服务质量标准，自然企业的质量标准、顾客的消费期望和终端的服务感知三者之间存在时间上的错位，其错位在服务过程中循环进行，呈现了一个螺旋上升的状态，这也是质量改进的演化路径。本章将新零售服务供应链中的功能服务提供商、新零售服务集成商和顾客三个参与主体视为"不具有有序偏好、完备信息或无懈可击的推理能力"的认知种群，他们之间的演化博弈均衡很难达成一致，但是可以通过长期的交互学习、调整、交流、模仿等过程，选择了低支付突变策略的群体最终会改变策略而选择进化稳定策略，逐渐形成从而达到均衡。技术创新引致的技术升级，可视为新零售服务供应链质量改进的功能服务提供商的一种"突变"行为；而新质量需求衍生引致的消费升级，可视为消费需求方的一种"异化"行为，而在"突变"和"异化"双重驱动下，作为服务供应链核心的新零售服务集成商的质量改进"选择"行为直接决定了其在市场中的地位和可持续能力。

（2）参与主体的有限理性与模仿性。现实中由于信息不对称现象的普遍存在，个体认知能力受限，有限理性引致了参与主体行为的"非最优"性质，决策多通过相互之间的模仿、学习和突变等动态过程来实现，这是因为有限理性的经济个体不可能确定无疑地知道自己行为的利弊，而是通过最有利的策略逐渐模仿下去，最终达到一种均衡状态。在消费和技术"双升"驱动下新零售服务供应链参与主体均会结合自身所在的"运作轴线"和"认知范围"内进行决策，为了保证在合作中的优势地位和获取价值溢出效应，均有可能隐藏从外部所获的知识、信息或向前段夸大质量需求。如功能服务提供商一方面会通过模仿、学习和突变等动态过程向行业竞争对手学习、吸收、模仿新的技术并加以应用，另一方面在服务供应链合作中可能会存在道德风险和逆向选择的行为出现，进而隐藏新技术而形成相对生产效率，以保证在合作竞争中的地位和下一阶段的谈判砝码。

（3）质量改进演变中的制度嵌入与迭代。演化博弈论中的行为主体，通常被假设为程序化地采用某一既定行为，并在演化过程中对其行为规则、行为策略不断进行改进，结果成功的策略被模仿，进而产生出一些一般的"规则"和"制度"，使主体获得"满意"的收益。消费升级驱使了顾客对质量需求的提升，技术升级带动了服务供应链服务效率的提高，消费、技术的"双升"通过不断的模仿、调适和改变，以形成不同参与主体新的质量标准、行为、期望和规则，进而驱动整体链条质量的协同改进与动态演变。

综上所述，新零售服务供应链质量改进是一个典型的多主体协同的动态演化系统，其三个不同参与主体在质量改进中形成了一个双重竞和博弈格局。为了能更加清晰地阐述"双升"驱动下新零售服务供应链质量改进的稳态机制，本章将该动态演化系统划分为技术升级驱动下功能服务提供商与新零售服务集成商之间动态演化和消费升级驱动下新零售服务集成商与顾客之间的动态演化两个部分，并进行分析与探讨。

第三节　演化博弈模型

一、模型设计与假设

假设 1：技术升级驱动下新零售服务供应链质量改进的演化博弈主体包括功能服务提供商和新零售服务集成商。双方通过市场所获得的市场信息均为不对称的，且双方均在有限理性下进行合作决策。FSS 和 NRSI 分别是新零售的功能服务提供方和服务集成方，是服务供应链的主体与核心组成部分，两者协同质量改进在很大程度上决定了整个服务供应链的质量供给状态，因此假定其参与多元主体协同质量改进过程中可能会出现合作和冲突两种情形，在行为表现上呈现两种可选择的策略：积极、消极。

假设 2：新零售服务供应链是以新零售服务集成商为核心而展开的由功能服务提供商组成的供应链结构，为了能有效提升供应链的服务质量，RSI 往往会通过制定零售批量采购、销售返点、提成激励等优惠政策，以激励 FSS 加大其生产/服务过程中的技术创新与质量改进，其综合收益值用 T 表示。

假设 3：FSS 和 NRSI 同时采取积极策略进行质量改进时，双方协同改进质量的成本投入分别为 M 和 N；而当一方采取消极策略，另一方采取积极策略进行独自改进质量时（即不协同改进情形），双方分别承担的质量改进成本分别为 N_1 和 N_2，不协同情形下的质量改进成本要远大于两者协同改进质量所需的成本（M>N）。同时双方采取协同质量改进的策略，会提升用户满意度，对市场需求有正向激励作用，故对整体服务供应链绩效产生影响，其影响系数用 φ 表示。

假设 4：如果仅有一方选择消极策略时，另一方会因对方的质量溢出而获得额外的利益，分别用 E_1 和 E_2 表示，此类额外的利益获得主要是通过引入外部技术创新带来的内部质量成本的节约和服务过程中的顾客满意的机会收益。但同时，由于一定周期内科技、服务、产品的价值不会随着内部合作情形的变化而产生异动，因此不论参与主体是否选择积极策略，双方各自在服务供应链中均可获得固定的利润，分别用 R_1 和 R_2 表示。

假设 5：由于协同质量改进过程中，双方信息不对称，存在诸如"搭便车"等现象，因此需要建立内部监督机制，对双方协同质量改进行为予以监督，故假定合作双方有一方违背协同质量改进的合作契约，不进行质量改进投入或呈现消极状态，对其进行惩罚，惩罚值用 F 表示。

由上述假设可得到 FSS-NRSI 演化博弈收益矩阵，如表 9-1 所示。

表 9-1　技术升级驱动下"FSS-NRSI"演化博弈收益矩阵

策略		FSS	NRSI
积极	积极	$R_1+l_1Q_1+A-M_1$	$R_2+l_2Q_2-A-M_2$
积极	消极	$R_1+l_1Q_1+f-C_1$	$R_2+k_2Q_1-f-C_2$
消极	积极	$R_1+k_1Q_2+A-f-C_1$	$R_2+l_2Q_2+f-A-C_2$
消极	消极	R_1-C_1	R_2-C_2

二、演化博弈的平衡点和局部稳定点

由于新零售服务供应链上游参与主体的 FSS 和核心主体 NRSI 的博弈主体均为有限理性且具有较强的模仿性特点。同时博弈一开始由于自身和外界信息等因素的影响，各参与博弈主体所选择的策略不一定能实现最优，但参与主体随着时间的推移通过不断试错、模仿、学习，最终逐步趋近某个稳定策略。因此，本章采取生物进化过程的复杂动态机制来模拟技术创新驱动下新零售服务供应链多主体协同质量改进稳态策略的演化博弈过程。

（1）假设 FSS 选择积极协同改进质量策略的概率为 x，选择消极策略的概率为（1-x）；NRSI 选择积极协同改进质量的概率为 y，选择消极策略的概率为（1-y）。那么可算得 FSS 在协同质量改进上选择积极策略所获得的期望收益为 F_{11}；选择消极策略所获得的期望收益为 F_{12}；因此 FSS 的整体平均期望收益为 F_1，则：

$$F_{11}=y(Q_1l_1+A-M_1+R_1)+(1-y)(Q_1l_1+f-C_1+R_1) \tag{9-1}$$

$$F_{12}=y(Q_2k_1+A-f-C_1+R_1)+(1-y)(R_1-C_1) \tag{9-2}$$

将式（9-1）和式（9-1）代入 $F_1=xF_{11}+(1-x)F_{12}$，计算简化可得：

$$F_1=-xyQ_2k_1+xyC_1-xyM_1+xQ_1l_1+yQ_2k_1+Ay+fx-fy-C_1+R_1 \tag{9-3}$$

结合式（9-1）和式（9-3），构建 FSS 选择积极质量协同改进策略的复制动态方程为：

$$F(x)=\frac{dx}{dt}=x\cdot(F_{11}-F_1)=-x((-Q_2k_1+C_1-M_1)y+Q_1l_1+f)(x-1) \tag{9-4}$$

根据复制动态方程式（9-4）进行平衡点分析，可得：当 $y=\dfrac{Q_1l_1+f}{Q_2k_1-(C_1-M_1)}$

时，$F(x)=\dfrac{dx}{dt}=0$，此时 x 取任意值都处于稳定状态；当 $y>\dfrac{Q_1l_1+f}{Q_2k_1-(C_1-M_1)}$ 时，

$F(x)=\dfrac{dx}{dt}=0$，则有 x=0 和 x=1 两种稳定状态，而当 $\dfrac{dF(x)}{dx}\Big|_{x=1}<0$ 且 $\dfrac{dF(x)}{dx}\Big|_{x=0}>$

0 时，则 x=1 是平衡点，即 FSS 选择积极协同质量改进策略为演化均衡策略。

当 $y<\dfrac{l_1Q_1+f}{Q_2k_1-(C_1-M_1)}$ 时，$F(x)=\dfrac{dx}{dt}=0$，当 $\dfrac{dF(x)}{dx}\Big|_{x=0}<0$ 且 $\dfrac{dF(x)}{dx}\Big|_{x=1}>0$ 时，

则 x=0 是平衡点，即 FSS 选择消极协同质量改进策略为演化均衡策略。

（2）同理，可以根据上文计算方法，得出与 NRSI 选择积极协同质量改进的收益为 N_{11}；选择消极协同质量改进策略所获得的期望收益为 N_{12}；以及 NRSI 的整体平均期望收益为 N_1，分别为：

$$N_{11}=x\cdot(R_2+l_2\cdot Q_2-A-M_2)+(1-x)\cdot(R_2+l_2\cdot Q_2+f-A-C_2) \qquad (9-5)$$

$$N_{12}=x\cdot(R_2+k_2\cdot Q_1-f-C_2)+(1-x)\cdot(R_2-C_2) \qquad (9-6)$$

$$N_1=-xyQ_1k_2+xyC_2-xyM_2+xQ_1k_2+yQ_2l_2-Ay-fx+fy-C_2+R_2 \qquad (9-7)$$

则 NRSI 选择积极协同质量改进策略的复制动态方程为：

$$N(y)=\dfrac{dy}{dt}=y\cdot(N_{11}-N_1)=y((Q_1k_2-C_2+M_2)x-Q_2l_2+A-f)(y-1) \qquad (9-8)$$

根据式（9-8）中复制动态方程进行平衡点分析，可得：当 $x=\dfrac{l_2Q_2-A+f}{Q_1k_2-C_2+M_2}$

时，$N(y)=\dfrac{dy}{dt}=0$，此时 y 取任意值都处于稳定状态；当 $x>\dfrac{l_2Q_2-A+f}{Q_1k_2-C_2+M_2}$ 时，

$N(y)=\dfrac{dy}{dt}=0$，有 y=0 和 y=1 两种稳定状态，而当 $\dfrac{dN(y)}{dy}\Big|_{x=1}<0$ 且 $\dfrac{dN(y)}{dy}\Big|_{x=0}>0$

时，则 y=1 是平衡点，即 NRSI 选择积极协同质量改进策略为演化均衡策略。当

$x<\dfrac{l_2Q_2-A+f}{Q_1k_2-C_2+M_2}$ 时，$N(y)=\dfrac{dy}{dt}=0$，当 $\dfrac{dN(y)}{dy}\Big|_{x=0}<0$ 且 $\dfrac{dN(y)}{dy}\Big|_{x=1}>0$ 时，则 y=0

是平衡点，即 NRSI 选择消极协同质量改进策略为演化均衡策略。

由于新零售服务供应链协同质量改进的参与主体 FSS 和 NRSI 之间的行为会因为外部环境及内部利益偏好的变化进行不断的相互学习、交换和博弈以实现两者间有效的纳什均衡。由上文复制动态方程求出的平衡点可知，"FSS-NRSI"进行协同质量改进的局部稳定点可能有五个，分别为（0，0）、（0，1）、（1，0）、

$(1, 1)$ 和 $\left(\dfrac{l_2Q_2-A-f}{Q_1k_2-C_2+M_2}, \dfrac{l_1Q_1+f}{Q_2k_1-(C_1-M_1)}\right)$；并可共同构成边界为 $\{(x, y)\mid 0\leqslant x\leqslant 1, 0\leqslant y\leqslant 1\}$ 的新零售服务供应链协同质量改进的博弈解域。根据 Friedman（1991）所提出的通过构建系统的雅可比（Jacobim）矩阵（J），判断演化博弈平衡点的局部稳定性。其中雅可比矩阵可以将上文 FSS 和 NRSI 的复制动态方程式（9-4）和式（9-8）转换成系统对应的雅可比矩阵：

$$J = \begin{bmatrix} \dfrac{\partial F}{\partial x} & \dfrac{\partial F}{\partial y} \\[2mm] \dfrac{\partial N}{\partial x} & \dfrac{\partial N}{\partial y} \end{bmatrix}$$

$$= \begin{bmatrix} ((-Q_2k_1+C_1-M_1)y+l_1Q_1+f)(1-2x) & (-Q_2k_1+C_1-M_1)(1-x)x \\ y(Q_1k_2-C_2+M_2)(-1+y) & ((Q_1k_2-C_2+M_2)x-l_2Q_2+A-f)(1-2y) \end{bmatrix}$$

$$(9-9)$$

由式（9-9）可得到雅可比矩阵的行列式 $\det(J)$ 和迹 $Tr(J)$ 分别为：

$$\det(J) = ((-Q_2k_1+C_1-M_1)y+l_1Q_1+f)(1-2x)((Q_1k_2-C_2+M_2)x-l_2Q_2+A-f)$$
$$(1-2y)+x(-Q_2k_1+C_1-M_1)(x-1)y(Q_1k_2-C_2+M_2)(-1+y) \quad (9-10)$$

$$Tr(J) = ((-Q_2k_1+C_1-M_1)y+l_1Q_1+f)(1-2x)+((Q_1k_2-C_2+M_2)x-l_2Q_2+A-f)$$
$$(1-2y) \quad (9-11)$$

可根据雅可比矩阵的行列式 $\det$（J）和迹条件 Tr（J）对局部均衡点的稳定性进行判定。如果满足迹条件（雅可比矩阵对角线上元素之和小于 0）和雅可比矩阵行列式条件（行列式大于 0），那么，复制动态方程的平衡点是局部稳定的，该平衡点即为演化稳定策略（见表 9-2）。

表 9-2 局部均衡点的稳定性分析

平衡点	$\det(J)$ 和 $Tr(J)$ 的表达式	稳定性结论
A(0, 0)	$\det(J) = (Q_1l_1+f)(-Q_2l_2+A-f)$	$\det(J)>0$，$Tr(J)>0$
	$Tr(J) = Q_1l_1-Q_2l_2+A$	不稳定
B(0, 1)	$\det(J) = -(Q_1l_1-Q_2k_1+f+C_1-M_1)(-Q_2l_2+A-f)$	$\det(J)>0$，$Tr(J)$ 不确定
	$Tr(J) = Q_1l_1-Q_2k_1+Q_2l_2-A+2f+C_1-M_1$	鞍点
C(1, 0)	$\det(J) = -(Q_1l_1+f)(Q_1k_2-Q_2l_2+A-f-C_2+M_2)$	$\det(J)<0$，$Tr(J)$ 不确定
	$Tr(J) = Q_1k_2-Q_1l_1-Q_2l_2+A-2f-C_2+M_2$	鞍点

续表

平衡点	det(J)和Tr(J)的表达式	稳定性结论
$D(1, 1)$	$\det(J) = (Q_1l_1-Q_2k_1+f+C_1-M_1)(Q_1k_2-Q_2l_2+A-f-C_2+M_2)$	$\det(J)>0$, $\mathrm{Tr}(J)<0$
	$\mathrm{Tr}(J) = -Q_1k_2-Q_1l_1+Q_2k_1+Q_2l_2-A-C_1+C_2+M_1-M_2$	稳定点
$\dfrac{l_1Q_1+f}{Q_2k_1-(C_1-M_1)}$, $\dfrac{l_2Q_2-A+f}{Q_1k_2-C_2+M_2}$	$\det(J) = \dfrac{1}{(-Q_2k_1+C_1-M_1)(Q_1k_2-C_2+M_2)}((-Q_2l_2+A-f)$ $(Q_1k_2-Q_2l_2+A-f-C_2+M_2)(Q_1l_1+f)(Q_1l_1-Q_2k_1+f+C_1-M_1))$	$\det(J)>0$, $\mathrm{Tr}(J)=0$
	$\mathrm{Tr}(J) = 0$	鞍点

三、演化博弈的结果分析

根据雅可比矩阵稳定性分析，可以画出新零售服务供应链 FSS-NRSI 演化博弈的相位图，如图 9-1 所示。从中可以看出，S 收敛于 O 点（0，0），这意味着当初始值处于 AOCB 区域时，FSS 和 NRSI 最终都将趋向于选择消极协同质量改进策略；而 S 收敛于 D 点（1，1），意味着当初始值处于该区域时，FSS 和 NRSI 最终都将趋向选择积极协同质量改进策略。因此 S 和 S 面积的大小分别代表了 FSS 和 NRSI 两者质量改进不协同与协同的概率。本章将通过判断两个区域面积大小来分析技术升级驱动下新零售服务供应链协同质量改进的稳定性。

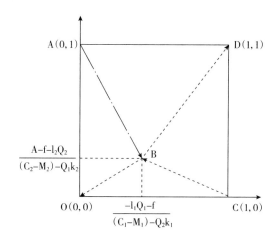

图 9-1　新零售服务供应链质量协同改进的演化博弈相位图

由图 9-1 我们可以计算出 S 的面积：

$$S_{AOCB} = \frac{1}{2}\left(\frac{A - fl_2 Q_2}{(C_2 - M_2) - Q_1 k_2} + \frac{l_1 - Q_1 - f}{(C_1 - M_1) - Q_2 k_1} \right) \tag{9-12}$$

（1）质量收益（Q）与技术升级（I）对协同质量改进的影响。由式（9-12）所列 S_{AOCB} 的面积表达式计算可得，$\frac{dS_{AOCB}}{dQ} < 0$ 和 $\frac{dS_{AOCB}}{dQ} < 0$，即 S_{AOCB} 随着 FSS 和 NRSI 质量产出 Q 的增加而变小，这意味着在新零售服务供应链协同质量改进过程中，随着参与主体质量改进所形成的产出不断增加，会降低 FSS 和 NRSI 选择消极协同质量改进策略的概率，会逐步增大双方积极协同的意愿和可能性。同时，从式（9-12）可知，质量收益所产生的质量改进协同的意愿强度受到了参与主体自身对技术创新吸收能力的影响；由于 $\frac{dS_{AOCB}}{dI} < 0$ 和 $\frac{dS_{AOCB}}{dI} < 0$，表示随着 FSS 和 NRSI 对外部技术创新吸收能力的增强，其所表现出的消极协同质量改进概率呈现出变小的趋势。即随着 FSS 和 NRSI 采用新技术所获得的附加收益越大，双方达成积极协同改进质量的意愿越强烈，越有利于推动服务供应链质量协同改进趋近于（1，1）的稳定状态。因此，作为新零售服务供应链核心的 NRSI 应该在充分结合参与主体及市场需求实际，制定激励政策，鼓励新技术、新模式和新商业理念在服务供应链的应用，以促进服务供应链质量协同改进的稳定。

（2）协同成本节约（C-M）对服务供应链质量协同改进的影响。（$C_1 - M_1$）和（$C_2 - M_2$）分别代表了 FSS 和 NRSI 采取协同创新所节约的成本空间。由式（9-12）可得 $\frac{dS_{AOCB}}{d(C_1 - M_1)} < 0$ 和 $\frac{dS_{AOCB}}{d(C_2 - M_2)} < 0$，这表示随着协同质量改进所产生的成本节约空间扩大，参与双方的消极协同选择概率逐渐减弱。从另一个角度可以理解为，当 FSS 和 NRSI 双方独自吸收创新进行质量改进的成本较大或采取双方共同利用创新协同改进质量的成本节约空间较小时，参与双方更愿意倾向于积极协同的质量改进策略，使质量协同改进朝着（1，1）的稳定状态逐步趋近。由此也可看出，在创新驱动下新零售服务供应链质量改进过程是一个通过利用创新技术实现质量协同以降低质量成本和提升服务质量的趋稳过程。

（3）质量溢出效应（Q×K）对服务供应链质量协同改进的影响。由于信息不对称的普遍存在，新零售服务供应链质量协同改进过程中因参与主体行为策略不一致导致形成的"质量改进溢出"也就不可避免，偏大的质量改进溢出会增大质量协同改进的不稳定性存在。在现实运作中，质量溢出效应往往与另一方的质量收益（Q）和自身的质量转化能力（K）有着较为紧密的关联，本章分别将 k_1Q_2 和 k_2Q_1 看作 FSS 和 NRSI 对应的质量溢出效应值。由式（9-12）计算可得 $\frac{dS_{AOCB}}{dk_1Q_2}>0$ 和 $\frac{dS_{AOCB}}{dk_2Q_1}>0$，即当新零售服务供应链质量改进过程中参与一方从另一方获取质量溢出效应越大时，其选择消极协同策略的意愿强度就越大，其越会倾向通过"搭便车"的方式进行质量改进，进而导致服务供应链质量协同改进的不稳定性。在重复博弈过程中，由于此类现象的存在会减弱主动改进质量一方的积极行为，最终会将整个链条参与主体的行为策略趋近于（0，0）不稳定状态。因此，为了减少或避免此类"搭便车"现象的产生，应该建议内部监督机制，激励与约束参与主体的行为，从而能及时发现纠正质量改进过程中存在的"扰序"行为。

（4）内部监督措施（f、A）对服务供应链质量协同改进的影响。新零售服务供应链质量协同改进的内部监督措施有两类：惩罚（f）和奖励（A）。由式（9-12）可得 $\frac{dS_{AOCB}}{df}<0$，即随着质量协同改进过程中双方约定的惩罚增大，S_{AOCB} 的面积越小，这意味着 FSS 和 NRSI 双方在质量协同改进过程中会因为过大违约成本的存在而约束自我消极协同的违约行为，强化积极协同的质量改进意愿和行为，进而促进双方合作趋近于（1，1）的稳定状态。同时，在以 NRSI 为中心的新零售服务供应链体系中，为了能更好地激励 FSS 提升服务质量，NRSI 通常会拿出一部分利润以补贴或奖励的方式给 FSS，鼓励其学习新技术、新方法和新理念，创新服务功能。根据式（9-12）可得 $\frac{dS_{AOCB}}{dA}<0$，可发现随着 NRSI 补贴给 FSS 的金额增大，FSS 采取消极协同质量改进的意愿越强。NRSI 所列出的这一行为出现了相反的效应。

在现实运营中内部监督两项措施扮演着不同的角色，A 的存在是为了更好地激励 FSS 创新服务体系改善服务质量，f 的存在则是为了更好地约束双方合作行为，然而并不是 f 值越大越好，A 值越小越有效，两者之间的科学设置很大程度上决定着新零售服务供应链质量协同改进的效率及其成本。因此这两个数值的设定会参照前一阶段博弈的结果而加以确定。

第四节　数值算例

根据前文所构建的创新驱动下新零售服务供应链质量协同改进的演化博弈模型，本节以中国 JS 零售连锁企业为实例，利用 Maple 软件对 FSS 和 NRSI 在新零售服务供应链质量协同改进过程中的行为策略进行数值模拟分析。经过实地访谈与调查，且结合本章模型仿真需求，将部分初始模型参数设置如下：$k_1 = 0.3$，$k_2 = 0.5$，$Q_1 = 8$，$Q_2 = 10$，$C_1 = 50$，$M_1 = 26$，$C_2 = 60$，$M_2 = 32$，$I_1 = 0.7$，$I_2 = 0.8$，$f = 30$，$A = 20$。

（1）质量收益（Q_i）的动态变化影响。在其他变量初始值不变的条件下，对 FSS 和 NRSI 两者的质量收益（Q_1 和 Q_2）的动态变化进行仿真计算所得结果。由于在新零售服务供应链质量协同改进过程中参与主体的质量收益不仅对自身有直接影响，还对另一方也存在间接影响。图 9-2（a）和图 9-2（b）为 FSS 质量协同改进行为收益值 Q_1 分别取 150、75、30 时，对 FSS 和 NRSI 采取积极协同质量改进策略的概率演化图。从图 9-2（a）和图 9-2（b）来看，两图呈现出了截然相反的动态变化趋势，前图反映出随着 Q_1 值的增大，其趋稳收敛速度加快；而后图则反映了较大的趋稳差异，当 Q_1 值增大时，NRSI 的趋稳概率下降。此类现象在 NRSI 质量协同改进中也类似存在，如图 9-2（c）和图 9-2（d）所示。

此外，从图 9-2（a）与图 9-2（c）比较可以发现，服务供应链质量协同改进参与主体间的质量收益是存在差异的，不同资源配置、技术条件、转化能力以及成本结构通常对质量改进的协同意愿产生较大的影响，即可理解为质量协同改进过程中的质量趋稳不仅受制于质量投入—产出间的收益大小，还受制于改进过程中的其他元素。同时从图 9-2（b）和图 9-2（d）的比较中，我们可以发现图 9-2（b）中显示当 $Q_1 = 150$ 时趋稳概率 1；当值为 75 时，趋稳的概率收敛于 0.8~0.9；而当值为 30 时，趋稳的概率收敛于 0.4~0.5；而图 9-2（d）中所设定的三个参考值都趋稳于概率 1。这说明在技术升级驱动下新零售服务供应链质量多主体协同改进过程中不仅存在主体异质，还在同一主体上存在显著的"边界"效应。

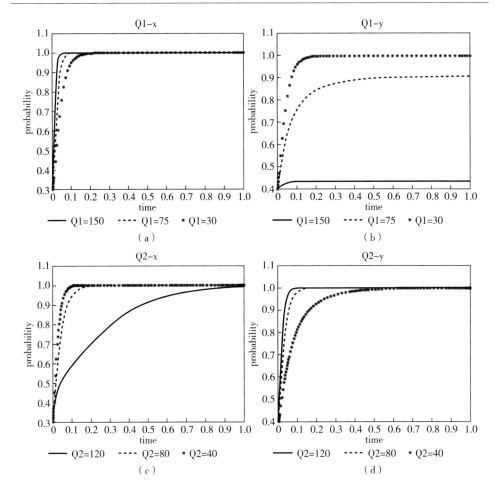

图 9-2　新零售服务供应链参与主体质量收益（Q1 和 Q2 值）动态变化的仿真

（2）协同成本空间的动态影响。图 9-3（a）为其他因素不变条件下，M_1 和 M_2 分别取 50、30 和 15 时的动态仿真图；图 9-3（b）为质量协同改进过程中参与主体协同成本空间（C-M）的动态变化仿真图。从图 9-3 中可以清晰地看出，FSS 和 NRSI 质量协同改进所付出的成本与其趋稳概率 1 的速度成反比，即随着 M 值越大，其趋稳收敛与概率 1 的速度越平缓。而（C-M）代表了两者协同质量改进的成本节约空间，即协同达成后可获得的机会收益，从图 9-3（b）的趋稳分布来看，协同成本节约空间与趋稳速度成正比。这也验证了前文中提出的演化博弈模型结论。由此可知，在新零售服务供应链质量改进过程中可以采用质量集成、零售联盟、服务一体等方式实现协同改进，降低质量改进成本和运营成本，提升协同成本节约空间，有利于促进新零售服务供应链多方主体的质量协同改进策略趋稳，降低质量改进风险，获得更大的市场满意度和供应链盈利空间。

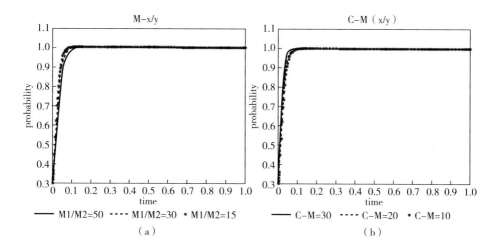

图9-3　新零售服务供应链参与主体协同成本空间（M和C-M值）动态变化的仿真

（3）技术吸引和转化能力系数的动态影响。图9-4（a）和图9-4（b）分别为创新驱动下新零售服务供应链质量协同改进过程中，FSS和NRSI技术吸引能力和转化能力的动态仿真结果。图9-4（b）中分别取I_1和I_2值为1.2、0.8和0.4，从图中曲线可以看出，新零售服务供应链参与主体的技术吸引能力系数I与主体趋稳的概率成正比，即当技术吸引能力系数越大时，所表现出来的趋稳于1的收敛速度越快。这反映了在实际运营中，参与主体对外界技术升级的创新成果吸收能力越强，其所创造的相对平均服务质量和服务效率越高，自然其收益水平也会得到提升，会促进其积极采取协同质量改进策略，进而促进参与主体间的趋稳状态。

图9-4（b）反映的是质量转化能力系数k对各自参与主体协同质量改进行为策略的影响，图9-4中分别设定了1.0、0.7和0.4三个参考值进行比较，可以看出k值的变化与趋稳概率的收敛速度成反比，即当转化能力越强时，其趋稳概率的收敛速度越慢。这充分印证了前文演化博弈模型中的分析结论，k值在前文所提出的演化博弈模型中代表了双方没有达成协同时对另一方质量投入的转化能力，该值越大反映主体的"搭便车"行为越强烈。

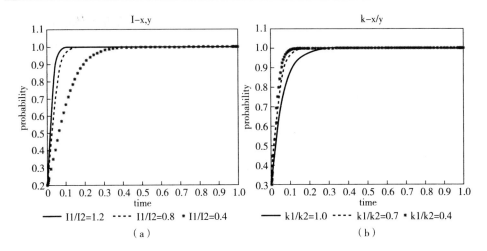

图 9-4   新零售服务供应链参与主体技术吸引和转化能力（I 和 k 值）动态变化的仿真

（4）内部监督措施的动态影响。图 9-5（a）和图 9-5（b）分别为违约惩罚因子 f 值对 FSS 和 NRSI 质量协同改进趋稳概率的动态影响，其中 f 分别取 30、20 和 10 三个值。从图 9-5 中可以清晰地看出，作为内部监督机制的重要手段和措施，违约惩罚值 f 对趋稳概率的收敛速度有着正向影响，即当 f 值越大时，双方的合作趋稳于概率 1 的收敛速度越快；但值得注意的是同样的水平下，NRSI 中 f 值变化所引起的趋稳弹性要明显高于 FSS。图 9-5（c）和图 9-5（d）代表了奖励因素 A 对 FSS 和 NRSI 采取质量协同改进趋稳的动态过程，图 9-5 中 A 分别设定了 50、20 和 10 三个值，可以看出该因素的变化对 FSS 的行为策略并没有产生变化，而对 NRSI 的行为策略选择产生了较为显著的影响。当 A＝50 时，曲线呈现出了趋近于稳态概率为 1；当 A＝20 时，曲线动态收敛于 0.8~0.9 的某个值，且收敛速度要低于前者；而当 A＝10 时，曲线则呈现了与前两种情形相反的状况，呈现出了趋稳概率下降的收敛趋势。

这一特征说明了在创新驱动下新零售服务供应链质量协同改进过程中，NRSI 向 FSS 提供激励因子，推动其采取积极的协同质量改进策略和技术创新策略的措施，对 FSS 而言是一个必要条件，对其协同并不会产生动态影响，但对 NRSI 自身而言则是一个关键影响因素，其合理设置在很大程度上能有效推动双方信任机制的建立和协同趋稳状态的形成。

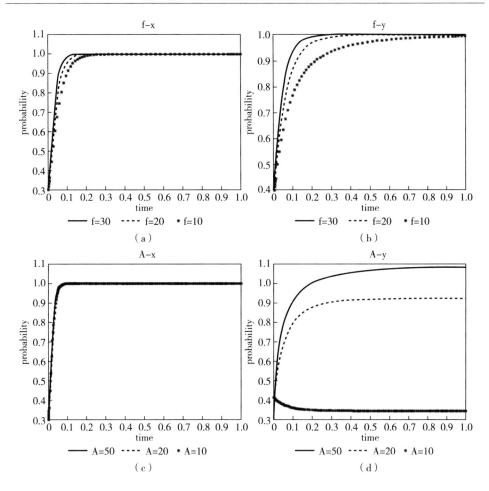

图 9-5　新零售服务供应链质量协同改进内部监督措施（f 和 A）动态变化的仿真

本章小结

　　本章从创新驱动质量的动态视角，分析创新驱动下新零售服务供应链中多主体协同质量改进的运行机制和动态演化过程，运用演化博弈方法分析构建多主体协同的动态演化博弈模型，以此分析新零售服务供应链协同质量改进中各参与主体的博弈策略选择，并利用雅可比矩阵判断其策略稳定性。研究表明：在多元参与主体利益诉求得到满足的前提下，多主体协同质量改进能够保持系统稳定状态；多主体间的知识势差与协同质量改进稳定性呈现出反比关系；良好的质量协同效应、独立的内部监督机制等能有效促进协同质量改进系统稳定。

本章所设计的模型只探讨了完全信息情形下零售服务供应链参与服务双边主体的协同问题，对于不完全信息情形下服务供应链跨组织的质量协同、集成的问题有待深入研究。此外，随着新零售时代的来临，线上服务过程中顾客更加注重服务产品信息的获得感，线下服务过程对以价格、品牌、产品生产信息等传统质量信号较为敏感，如何实现由线上线下两部分参与成员组成新零售服务供应链协同，线上线下多方参与主体对异质信息关切如何影响新零售服务供应链协调与持续发展，值得进一步的探讨。

第十章 新零售服务供应链质量稳态的系统动力仿真

第一节 引言

第一节 引言

假定零售服务供应链的质量真实系统包含一系列状态 S，以及一个零售服务供应链的质量状态转换函数 F(S)，它能将 t 时刻的一个给定质量状态映射到 t+1 时刻的一个新状态。函数 F(S) 对零售服务供应链质量系统的各类角色而言是随机、动态且未知的，因为其无时无刻都处于多层次异质主体行为的交互过程当中。鉴定状态空间的维度以及函数 F(S) 的潜在复杂性，通常是不可能找到一个通解来解释 F(S) 的。该系统的实际质量状态空间 S 是巨大的，包括所有零售服务供应链的相关因子即时所处的位置与特征。从另一个视角而言，将零售服务供应链质量状态的转换函数 F(S) 作为一个"社会物理系统"，其本身的转换原则和发展路径符合某种物理定律，该"物理系统"中的各个"原子"状态不是静止的，而是随着时间的推移而变化的。因此，在现实中寻找这个解，不是一个标准个解，而是一个符合标准的"解集"，是包括了零售服务供应链中不同参与主体投入与产出过程中各维度要素的集合。

现有研究文献通常将服务质量与市场份额的关系放在了一个强正向关系，认为服务质量越好，其所带来的市场份额越高，需求自然也就越高。但大量的实践证明，服务质量的时间"映射"过程具有显著"时滞"性，且收益与成本之间存在不规律的发展特征，也就意味着零售服务供应链服务质量的变化更多来自基期服务质量的变化，因此可以将服务质量所表现出的"无记忆性"视为一类马尔科夫性质。本章采用了马尔科夫链模型对零售服务供应链质量状态进行预测和描述，并将该种质量状态作为约束条件引入系统动力学模型对整体链条的动态演化和协同机制进行仿真与分析。这不仅能较为准确地预测服务质量的动态发展特征，还能很好地描述服务质量对零售服务供应链不同参与主体间的动态协调机制。

第二节　研究模型与数据来源

一、马尔科夫链模型

1. 马尔科夫链模型

马尔科夫链是不同状态下的随机变量序列，每个状态值依赖于之前的有限状态。这些变量的范围，即所有可能值的集合，称为"状态空间"。在马尔科夫链的每一步中，系统都可以根据概率分布从一个状态改变到另一个状态，也可以保持当前状态。此类状态变化被称为转移，而与状态变化相关的概率被称为转移概率。

设置随机变量序列和状态空间 $\{X_n, n = 1, 2, \cdots\}$，E 是一个可数或有限集，对于任何正整数 m 和 n；如果 $i, j \in E(k = 1, 2, \cdots)$ 和满足式（10-1）的序列 $\{X_n, n = 1, 2, \cdots\}$ 称为马尔科夫链：

$$P\{X_{n+m} = j \mid X_1 = i_1, X_2 = i_2, \cdots, X_{n-1} = i_{n-1}, X_n = i\} = P\{X_{n+m} = j \mid X_n = i\}$$

$$(10-1)$$

假设条件概率与等号右边的 n 无关，则式（10-1）可以表示为式（10-2）：

$$P\{X_{n+m} = j \mid X_n = i\} = p_{ij}(m) \tag{10-2}$$

$p_{ij}(m)$ 表示经过 m 转换步骤后从状态 i 到状态 j 的转移概率。$p_{ij}(m)$ 转换概率矩阵只与初始时间相关。i 的步数 $m = 1$，马尔科夫链的一步转移矩阵表示为式（10-3）：

$$P\{X_{n+1} = j \mid X_n = i\} = p_{ij}(n) \quad i, j = 1, 2, \cdots, n \tag{10-3}$$

2. 基于马尔科夫链的服务质量预测模型

基于前文所描述的服务质量的马尔科夫性质，构建基于马尔科夫链的零售服务供应链服务质量预测模型，具体步骤如下：

第一步，建立转换概率矩阵。为了构建初始转化概率矩阵，通过调查收集消费者对零售服务供应链的质量需求偏好和实际质量感知进行调查，以获得零售服务供应链的消费者质量感知及评价数据。并假设零售服务供应链参与主体的服务质量需求在其他条件不变的情形下自身不会随着时间推移而变化；假设零售服务供应链的服务质量良好状态为状态 1，不良状态为状态 2，以此建立服务质量的转移概率矩阵，如式（10-4）所示：

$$Q = \begin{bmatrix} q_{11} & q_{12} \\ q_{21} & q_{22} \end{bmatrix} \tag{10-4}$$

其中，q_{ij} 表示消费者从第 i 个质量状态值转移到第 j 个质量状态的概率，i，j $\in \{1,2\}$。Q 可作为零售服务供应链质量状态转移的一步转移概率矩阵。

第二步，构建质量预测模型。零售服务供应链的马尔科夫链 $\{S_p^{(n)}, n \in T\}$，T 是时间集合，初始状态转移概率向量为 $S_p^{(n)} = [s_1 \quad s_2]$，其中 s_1、s_2 分别代表初始状态为正常和异常的概率。然后，再设 $S_i^{(k)} = [p_i^{(k)}]_{1 \times k}$ 为第 k 期零售服务供应链的服务质量状态，则当前零售服务供应链在 n 时刻的状态转移概率向量：

$$S_p^{(1)} = S_p^{(0)} \times P \tag{10-5}$$

$$S_p^{(2)} = S_p^{(1)} \times P \tag{10-6}$$

$$\vdots$$

$$S_p^{(n)} = S_p^{(n-1)} \times P \tag{10-7}$$

$$S_p^{(n)} = S^{(0)} \times P^n \tag{10-8}$$

第三步，平衡零售服务供应链质量供给的测算。由马尔科夫链的遍历性，状态转移概率向量 $S_p^{(n)}$ 将恒定收敛，即零售服务供应链经过一个周期性运行后，将存在稳定的状态转移概率。因此，可以预测零售服务供应链在未来 n 时刻的服务质量良好状态值为：

$$g_p^{(n)} = s_1 \times q_{11}^{(n)} + s_2 \times q_{12}^{(n)} \tag{10-9}$$

二、系统动力学模型

1. 模型的基本思路

根据前文对零售服务供应链系统结构的描述，本章将零售服务供应链系统划分为功能服务提供系统、零售服务集成系统与顾客质量感知系统三个子系统。根据系统动力学原理，以三个子系统的行为主体（决策者）为建模对象，以前文提到的马尔科夫链服务质量预测为约束条件，分析三个子系统间的因果反馈关系，绘制系统动力学流图。通过对系统结构和各变量之间的逻辑关系建立系统动力学方程，在此基础上确定各变量之间的定量关系，并进行仿真运算，得出各变量的模拟值和模拟结果曲线图表。另外，通过调整模型中的控制参量，反复模拟实验，探讨质量稳态约束下零售服务供应链的动态演化及协同机制。本章运用Vensim DSS 软件建立系统动力学流图和系统动力学方程，模型中包含状态变量、速率变量、辅助变量及常量，其中水平状态变量 4 个、辅助变量 27 个、常数 11 个（见图 10-1）。模型中描述系统行为的状态方程组以差分方程（10-10）和式（10-11）表示：

$$X(t) = X(t-dt) + F[x(t), p]dt \qquad (10\text{-}10)$$

$$X(t_0) = X_0 \qquad (10\text{-}11)$$

其中，$X(t)$ 为 t 时刻状态变量的值；X_0 表示 X 在 t_0 时刻的值（初始值）；$F[x(t), p]$ 为 t 时刻的速度变量；dt 为模拟的时间步长。在 Vensim 软件中，用 INTEG（速率，初值）函数表示系统的状态方程组。

2. 零售服务供应链系统动力的系统流图

在零售服务供应链系统中，功能服务提供商、零售服务集成商和消费者是系统主要环节的行为主体，功能服务供给决策、零售服务集成策略、顾客质量感知之间形成了一个正向闭环系统。第一，功能服务提供商根据零售服务集成商的需求，通过科学决策制定合理的功能服务质量供给投入产出策略，从组织规模、服务研发、服务配置和服务技术四个维度对其投入比例及方式调整与修正，以提升服务组织、服务产品、服务设施和服务技术四个方面的能力，以此为零售服务集成商提供顾客所需的商品和服务。第二，零售服务集成商结合市场调研科学预测顾客服务质量需求，并以此为依据通过加大投入，调整员工培训费用占比系数和人工成本占比系数，提升对内部服务员工的服务意识、服务激励，加强服务技能、态度和压力的调适，以更好地增强零售服务氛围和规范零售服务行为，进而提升零售服务集成效率，以满足消费者质量感知。第三，零售服务集成商通过调整营销费用支出系数，加大品牌营销与传播投入，创新规划零售服务质量供给方式，包括零售服务文化、创新服务模式、现场服务体验等，以满足顾客质量需求，赢得顾客满意。同时，顾客作为零售服务供应链质量的最终检验者，会综合零售服务集成商的服务质量供给策略和行为表现，参照其自身期望和外部社会人文环境特征形成消费者服务质量感知，评判零售服务供应链的综合质量，最终形成顾客满意度和忠诚度。在现实中，顾客的满意度和忠诚度在很大程度上又决定了顾客的重复购买意愿和行为，决定其下次参与消费的期望与动力，进而影响消费规模的增长和整个链条的营收水平，而链条的营收水平又决定了下一周期各参与主体的投入水平决策和合作策略选择，进而形成了一个循环系统。系统流图如图 10-1 所示。

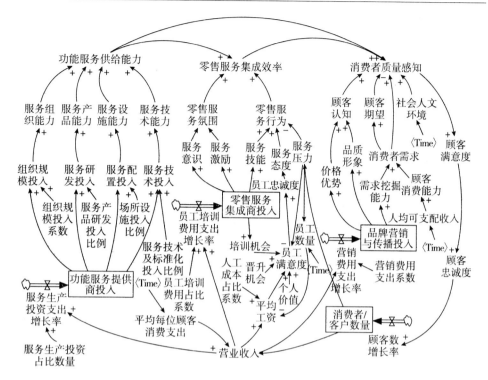

图 10-1 零售服务供应链的系统流图

第三节 数据收集与处理

一、数据来源及说明

本章选择中国 HJ 零售企业作为核心企业，对其零售服务供应链进行研究。该企业成立于 1997 年，主要从事某知名服装品牌在华中区域的连锁零售销售和市场拓展业务。经过 20 多年的发展，企业通过服务外包和信息集成，充分整合供应链上下游资源，构建了一个以数据为驱动，以零售服务为主导，由功能服务提供商、零售服务集成商和消费者为参与主体，追求高效柔性、敏捷快速的网状闭环供应链系统。其中，功能服务提供商主要由生产制造、物流配送和信息技术三个主功能提供商构成，且各个主功能服务提供商又集合了若干个子模块功能，如物流/配送功能服务提供商不仅承担了订单仓储、货物分拣、运输配送传统业务功能，还集成了社区终端展销与维护、线下门店展示与体验等其他服务功能。零售服务集成商通过线上线下与生产服务信息集成优势，承担整体零售服务供应链的设计与优化，开发、创新服务系统，提升整体链条的服务效率与服务质量。目前该企业在华中区域已建成了621家线下零售连锁实体，且与信息服务功能商共同开发了较为完善的电子商务信息平台，已初步构建了深度融合线上线下及现代物流的新零售服务网络体系，近三年均保持着两位数的增长，品牌区域影响力日益提升，成为了服装零售行业的新标杆。

本章实证数据主要来源于该企业零售服务供应链中主要的功能服务提供商（选择了1家制造供应商和1家物流/配送功能服务提供商）、零售服务集成商（企业自身）及消费者三方，如员工数量、顾客数量、顾客增长率、新增投资收入比、新增营销传播投入收入比等指标的数据均来源于所选样本企业的实际经营数据。通过选取2000~2016年以中国HJ企业为核心企业的零售服务供应链所选样本主体的年营运收入、服务生产投入、营销传播投入、服务培训与创新投入额度进行仿真模拟。

二、模型的有效性检验

本章模型设定的初始年为2001年，终止年为2020年，步长为一年。从模型的历史数据仿真对比来看，为了进一步验证模型的有效性，本章选取了仿真零售服务供应链中三个行为主体的四个变量对模型构建进行有效性检验，即"顾客数（营业收入）""服务生产投入""服务培训与创新投入""营销传播投入"，使用其实际数据与模型仿真结果进行对比。通过顾客数、服务生产投入和营销传播、服务培训与创新投入四个指标的折线对比，仿真企业的实际值与仿真值相差无几，相对误差较小，曲线也较为接近。在此，本章运用MAPE值对四个指标的仿真值与实际值之间的平均绝对百分误差进行验证。按照MAPE值的计算公式，算出了三个行为主体四项指标相应的MAPE值（见表10-1）。

表10-1　零售服务供应链系统动力仿真模型效果检验的MAPE值

行为主体	项目指标	MAPE（%）	区间（%）	结论
功能服务提供商	服务生产投入	2.16	≤10	高精度预测
零售服务集成商	服务培训与创新投入	7.71	≤10	高精度预测
	营销传播投入	5.35	≤10	高精度预测
消费者/顾客	营业收入/顾客数	3.97	≤10	高精度预测

从表 10-1 可以看出，四个变量指标的仿真值与实际值的 MAPE 值均小于 10%，说明模型仿真值与仿真企业实际值之间误差较小，模型的拟合程度较高，均为高精度预测。由此可以判定，本章构建的零售服务供应链系统动力学模型仿真效果显著，仿拟结果可信。

第四节　仿真结果分析

一、零售服务供应链质量稳态的预测

1. 零售服务供应链消费者质量感知的测量

根据前文所建立的零售服务供应链质量预测模型和以 HJ 零售企业为主导的零售服务供应链各参与主体 2000~2016 年的发展数据，分别设置了七个零售服务供应链运行情形，并对不同情形下的参数变量进行了赋值，如表 10-2 所示。其中，服务生产投资比率代表了功能服务提供商的投入水平，人工成本支出系数与管理费用支出比率代表了零售服务集成商的投入水平，营销费用支出比率代表了双方在同一市场中的共同投入水平，顾客忠诚转换比率代表了消费者对零售服务供应链中两大服务供给主体付出的认可和质量转换效率。在五个调节变量的参数设置中，本章所采用的服务生产投资比率、管理费用支出比率和营销费用支出比率均是依据样本企业所在服务供应链实际运行中的水平值进行设定，水平值划分为最高水平值、最低水平值和平均水平值三个等级；人工成本支出系数和顾客忠诚转换比率数据是通过对样本企业及相关服务供应链成员的问卷访谈及座谈信息整理而得。情形 1~6 分别代表了高投入高转换、中投入高转换、低投入高转换、高投入低转换、中投入低转换、低投入低转换六类零售服务供应链的各参与成员的投入—产出运行情形；情形 7 为情形 1~6 的对照设置，参数设定均采用均值进行设定，以便更好地进行对比。

表 10-2　七种不同情形类型的零售服务供应链运营参数设置

情形	服务生产投资比率（%）	管理费用支出比率（%）	人工成本支出系数（%）	营销费用支出比率（%）	顾客忠诚转换比率（%）
情形 1：高投入高转换（H-H）	0.75	0.63	0.11	1.11	0.50

情形	服务生产投资比率（%）	管理费用支出比率（%）	人工成本支出系数（%）	营销费用支出比率（%）	顾客忠诚转换比率（%）
情形2：中投入高转换（M-H）	0.50	0.47	0.07	0.53	0.50
情形3：低投入高转换（L-H）	0.15	0.10	0.03	0.18	0.50
情形4：高投入低转换（H-L）	0.75	0.63	0.11	1.11	0.20
情形5：中投入低转换（M-L）	0.50	0.47	0.07	0.53	0.20
情形6：低投入低转换（L-L）	0.15	0.10	0.03	0.18	0.20
情形7：参照组（K-K）	0.30	0.32	0.07	0.61	0.33

图10-2分析结果显示，零售服务供应链的顾客质量感知存在显著的收敛特征，H-H和M-H经过一定时期的持续增长后，逐渐趋同一个值；L-H曲线则表现出了相对缓慢的增长，且增速呈现下降的趋势。H-L、M-L和L-L三个低转化情形下的顾客质量感知增长水平相对较低，但均保持着较好的增速。值得一提的是，H-L经过一段低水平增长后，消费者质量感知超过了L-H情形的值。这反映了投入对消费者服务质量感知有较大的正向影响，但随着投入的不断增加，消费者质量感知并不会持续无限增长，而是逐步趋同于一个稳定状态，这也验证

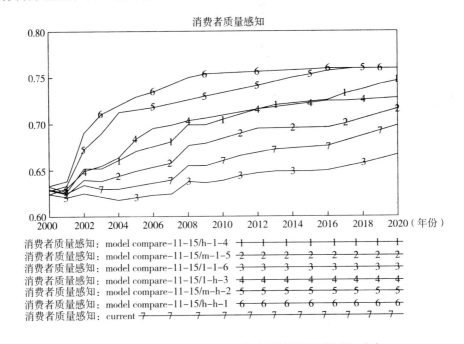

图10-2　不同情形下零售服务供应链的顾客质量感知分布

了前文提出的零售服务供应链质量存在"稳态分布"特征的假设。图 10-3 反映的是不同情形下零售服务供应链的整体营业收入状况，从图中可以清晰地发现，在新增顾客转化比率高的情形下，链条质量收敛于一个稳定状态值后，整个链条的营业收益呈现出了快速增长的发展态势；而当质量未达到稳定时，整体营业水平相对较低，与低转化情形的曲线并无两样。这一特征充分验证了质量稳态对零售服务供应链营业收入的显著正向影响。

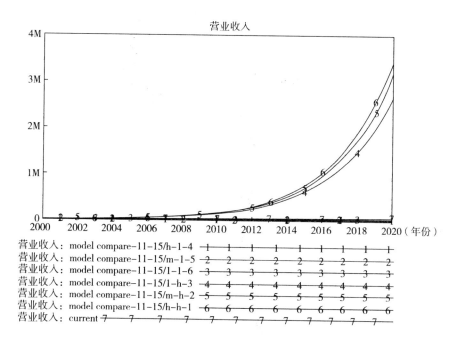

图 10-3 不同情形下零售服务供应链的营业收入分布

2. 零售服务供应链质量稳定分布预测

在有限市场中，零售服务供应链的质量增长是符合新古典经济学的理论假设的，功能服务提供商、零售服务集成商作为经济主体，其在服务供应链中的投入不可能无限，且其各自所获得的报酬存在边际递减效应，在此经济过程中，其投入背后所形成的质量产出理应会出现"趋同"和"稳态"。前文通过七类不同情形的模拟测算，我们可以清晰地发现零售服务供应链质量存在着显著的"稳态分布"特征，那么"稳态"在哪儿、在什么情形下什么时间点能达到"稳态"等问题就需要利用测算模型对其稳定分布进行预测。在现有文献中，对零售服务质量的预测通常采用设定测量指标，通过随机问卷调查、核心顾客焦点访谈和网络评价等方式获得实际服务质量感知数据，再运用诸如 SERVQUAL、RSQ 等模型进行测算、修正与调整。本章基于马尔科夫链模型通过建立转移概率矩阵预测零售服务供应链质量状态分布。

因此，采用情形 7（K-K）作为预测与仿拟情形，设置了考虑功能服务提供商、零售服务集成商的投入—产出因素，结合两者的投入—产出以及消费者质量感知的预测以及前文中提出的零售服务供应链质量稳态预测模型，运用 MATLAB 进行求解与测算，测算所得初始转移概率矩阵为：

$$Q = \begin{bmatrix} 0.661 & 0.339 \\ 0.245 & 0.755 \end{bmatrix} \qquad (10-12)$$

基于上述计算得出的初始转移概率矩阵，并结合表 10-3 的预测数据，我们根据马尔科夫链模型式（10-8）测算出情形 7 下零售服务供应链的质量稳态分布，$s_1 = 0.7211$（72.11%），$s_2 = 0.2889$（28.89%），这意味着情形 7 的零售服务供应链的质量感知将收敛于 0.7211 水平状态，也可理解为在该情形下的顾客质量感知良好率为 72.11%，不良率为 28.89%。由此，可以采用同类方法依次分别测算出其他六种情形的质量稳态分布，具体测算结果如表 10-3 所示。此外，表 10-4 的结果显示，零售服务供应链的质量稳态分布与功能服务提供商和零售服务集成商的投入，以及消费者质量满意转化绩效水平有着显著的影响，不同情形下的质量稳态分布是不一样的。情形 1 的质量稳态分布的质量感知收敛值最高，为 0.7659；情形 6 的质量稳态分布状态值最低，仅为 0.6521。

表 10-3 参照组（K-K）零售服务供应链运营投入—产出仿拟数据

年份	功能服务提供商投入	品牌营销与传播投入	零售服务集成商投入	消费者质量感知	年份	功能服务提供商投入	品牌营销与传播投入	零售服务集成商投入	消费者质量感知
2001	73.816	46.759	36.035	0.5675	2011	155.824	222.106	84.343	0.6587
2002	77.846	50.590	37.584	0.5725	2012	164.368	249.834	89.866	0.6671
2003	85.387	59.516	41.063	0.5798	2013	166.243	256.295	91.085	0.6699
2004	93.171	70.952	45.202	0.5863	2014	174.574	284.137	96.276	0.6755
2005	101.963	86.073	50.255	0.5977	2015	182.691	313.249	101.451	0.6811
2006	110.752	103.449	55.577	0.6080	2016	193.233	353.258	108.248	0.6864
2007	121.858	127.978	62.490	0.6188	2017	202.084	389.532	114.079	0.6924
2008	128.984	145.980	67.102	0.6343	2018	208.513	417.171	118.325	0.6983
2009	142.221	180.926	75.528	0.6439	2019	215.307	447.007	122.765	0.7047
2010	146.851	195.040	78.619	0.6491	2020	222.425	479.219	127.406	0.7118

表10-4 七种不同情形类型的零售服务供应链质量稳态水平分布

情形	功能服务提供商投入	零售服务集成商投入	消费者质量满意转化绩效	消费者质量感知满意程度	消费者质量感知不满意程度
情形1：高投入高转换（H-H）	H	H	H	76.59	23.41
情形2：中投入高转换（M-H）	M	M	H	74.76	25.24
情形3：低投入高转换（L-H）	L	L	H	73.14	26.86
情形4：高投入低转换（H-L）	H	H	L	71.77	28.23
情形5：中投入低转换（M-L）	M	M	L	68.53	31.47
情形6：低投入低转换（L-L）	L	L	L	65.21	34.79
情形7：参照组（K-K）	Ave	Ave	Ave	72.11	28.89

此外，从表10-4结果可以推测，功能服务提供商、零售服务集成商和消费者质量满足转化绩效之间存在一种协同耦合关系，即三者不同的投入—产出组合对零售服务供应链的质量稳态分布水平有着显著影响。这也可以认为，零售服务供应链的质量稳态水平的高低，是三者协同演化的结果。

二、质量稳态约束下零售服务供应链的动态演化

为了进一步验证质量稳态约束下的零售服务供应链动态演化和协同机制，本章选取了情形1、情形6和情形7作为对象进行对比，阐述不同质量稳态水平约束下功能服务提供商和零售服务集成商的动态演化过程和协同策略优化。

1. 零售服务供应链过程能力的对比

从前文可以知道，零售服务供应链的过程能力分别有功能服务供给能力和零售服务集成效率两个方面。图10-4和图10-5的模型仿拟结果显示，功能服务供给能力与功能服务提供商的投入有着显著的正向相关，随着功能服务提供商通过对功能产品、技术能力、设施能力和组织规模等方面投入的加大，该子系统的输出物"功能服务供给能力"呈现出了逐步增加的趋势，且与功能服务投资占比系数存在较大关系，该比率值越大，功能服务供给能力的提升速率也越大。但值得注意的是，投入带来的边际报酬呈现出了显著的递减和收敛。情形1：到2009年，功能服务供给能力值达到0.99以上，基本接近1，保持相对稳定状态；情形7：到2016年，功能服务供给能力值接近于1，且开始保持稳定状态；情形6：在仿真期内虽还未接近于1，但始终保持着较高的增长水平，且呈现出了边际递减的增长态势，并朝着某一状态时"趋同"。从三个情形的对比来看，零售服务供应链的功能服务供给能力存在成长上限的发展规律，即随着服务生产投入的逐

步加大，其生产力的增长是存在边界（上限）的。图 10-6 和图 10-7 分别代表了零售服务集成效率和零售服务集成商投入两个方面的动态演化过程，从两图中显示的增长过程可以发现，两个方面的演化趋势与功能服务供给能力的演化态势接近，区别最大的地方就在于与趋近成长上限的时间节点不一致，这与不同服务供应链主体所扮演的角色和系统构成有着紧密关联。

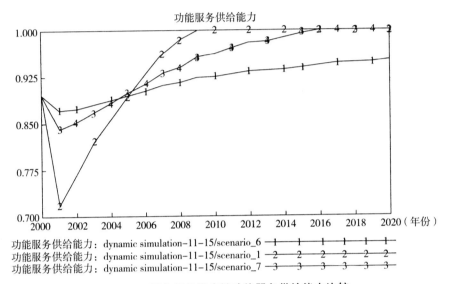

图 10-4　零售服务供应链功能服务供给能力比较

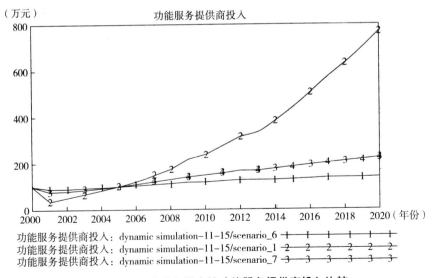

图 10-5　零售服务供应链功能服务提供商投入比较

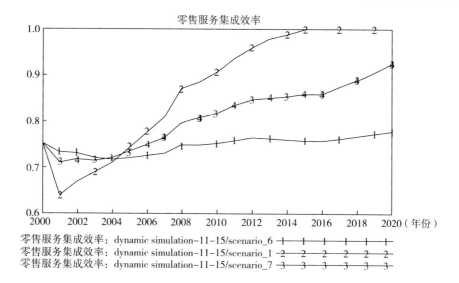

零售服务集成效率：dynamic simulation-11-15/scenario_6
零售服务集成效率：dynamic simulation-11-15/scenario_1
零售服务集成效率：dynamic simulation-11-15/scenario_7

图 10-6　零售服务供应链零售服务集成效率比较

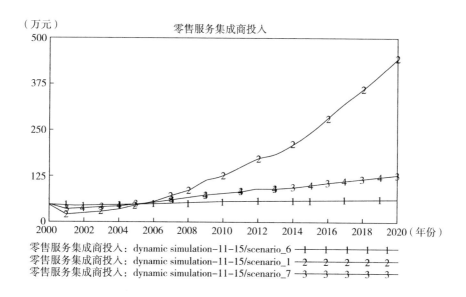

零售服务集成商投入：dynamic simulation-11-15/scenario_6
零售服务集成商投入：dynamic simulation-11-15/scenario_1
零售服务集成商投入：dynamic simulation-11-15/scenario_7

图 10-7　零售服务供应链零售服务集成商投入比较

2. 消费者质量感知的对比

　　从表 10-4 中的稳态水平分布可知，情形 1、情形 6 和情形 7 的质量稳态良好水平分别为 0.7659、0.6521 和 0.7211。图 10-8 是三种情形仿拟的消费者质量感知对比图,从中也可以发现,三个情形下的零售服务供应链消费者质量感知均呈现出了边际递减的增长趋势,且不同的趋同水平位不一样,情形1高于情形7,且已接近于其稳定状态水平值;而情形7高于情形6,两者都还未接近于其自身的稳定状态值。由此可以认为,消费者质量感知稳态水平与零售服务供应链的投入有着显著的正向关联,高投入带来高质量稳态水平。图10-9反映了三种不同情形下服务供应链的营业收入情况,从中可以发现高投入高转化情形(情形1)的营业收入曲线远高于其他两种情形。在情形1营业收入的增长过程中,随着质量状态趋近于稳态,营业收入的增速得到了显著的提升,而在情形6和情形7中营业收入的增长趋势与质量状态的增长趋势相似,由于没有达到稳态水平值,因此营业收入的增速相对较为缓慢,并未迎来"爆发式"的增长。

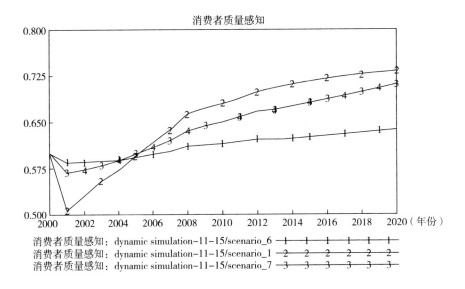

图 10-8   零售服务供应链消费者质量感知比较

3. 质量稳态下的"搭桥"协同

从情形1质量稳态后的"爆发式"增长趋势来看,2009年呈现的初步爆发,而在2014年后出现了急速爆发的状态;这两个节点正好是情形1的功能服务供给能力和零售服务集成效率接近成长上限的时间节点,由此可以推断,当两者同时达到成长上限后,不仅能促进整个零售服务供应链质量达到稳定状态,还能快速提升整个链条的盈利能力和空间。而前文已论述过,功能服务供给能力和零售

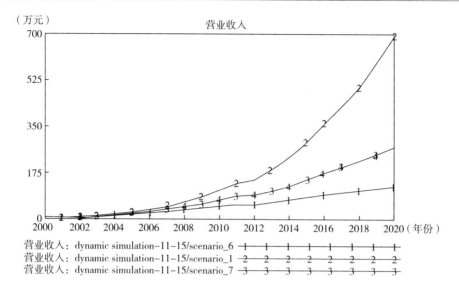

图 10-9　零售服务供应链营业收入比较

服务集成效率与各自经济主体的投入有着正向关联，这意味着，要将零售服务供应链的过程能力协同，需要从功能服务提供商和零售服务集成商的投入开始，要对两者的投入状态及之间的关联进行协调，以避免不一致而出现的效率耗散与能力过剩。从图 10-9 可知，零售服务供应链质量未达到稳定分布状态时，更多的投入耗散在实现提供稳定质量供给上，而当质量达到稳定分布状态后，不论是功能服务提供商还是零售服务集成商的投入与努力，都直接转化成了服务供应链的营业收入。由此可知，质量稳态在零售服务供应链的协同优化和动态改进过程中扮演了至关重要的角色；服务质量稳态犹如一座桥梁，在达到质量稳态之前的投入，都是搭桥的成本投入，一旦桥搭建好了，河一侧的货物就能非常顺畅地通过桥梁运输到河的另一侧，"搭桥"所带来的便利性、低成本性和通畅性等经济性特征就呈现出来。

本章小结

本章基于马尔科夫链模型提出了零售服务供应链的服务质量预测模型，验证了服务质量稳态分布的客观存在；并以中国 HJ 零售企业主导的零售服务供应链为实证样本，运用系统动力学模型对七种不同经营情形中的功能服务提供商、零售服务集成商和消费者三个质量子系统之间的交互行为和系统因果关联进行了比较，探讨了零售服务供应链动态演化过程中的"质量桥"协同机制。研究发现：①零售服务供应链的服务质量演化是一个动态且非线性增长过程，其存在显著的复杂适应性和稳态趋同特征；②零售服务供应链的质量演化过程是一个稳态趋同的过程，在其协同演化中存在质量稳态分布，其中不同过程投入水平对质量状态的稳定水平有着显著的正向影响；③质量稳态在零售服务供应链协同演化中起到了至关重要的作用，其不仅是零售服务供应链协同的约束条件，还在整体优化中扮演了"搭桥"协同的角色，在"质量桥"搭好后，即服务质量达到某种稳态分布时，整个链条的运作效率和收益水平会呈现出"爆发式"增长的态势。

第十一章　结论与展望

第一节　研究结论与建议

本书在复杂性科学的基础上，通过对质量熵及耗散结构相关理论和方法的研究，对质量在新零售服务供应链耗散结构中扮演的"熵"角色做出了新的探索。同时，分析发现新零售服务供应链质量协同改进过程其实就是一个在复杂动态环境下不断寻求质量稳态的过程。该系统优化过程包括了内生自我循环和外生突变调适机制，系统的持续发展是一个耗散结构不断优化的过程，参与成员往往采取服务补救、抱怨管理、客户关系管理等行为技术，沿着不断优化服务流程、创新服务模式和满足顾客需求的方向，自我调适不同层级质量标准与顾客期望之间的差距，以实现顾客满意，逐步有组织地推进新零售服务供应链的不断优化与升级，以实现服务质量的可持续提升。

（1）质量失稳及其影响机制。第一，本书综合新零售服务供应链质量系统的微观最优行为和宏观稳态演化过程，分析质量系统自组织过程中质量熵增与熵减及其关键的影响因素；第二，运用布鲁塞尔器（Brusselator）模型，构建"双升"驱动下新零售服务供应链质量系统的 Brusselator 模型，描述质量系统演进的非线性过程；第三，综合运用简单巨系统建模和反应扩散动力学方程，求解模型特征根，并以此分析新零售服务供应链质量系统在正负熵交互作用下质量协同改进的失稳条件和影响机制。研究发现，质量稳态的演化是质量系统熵减与熵增的转化过程，熵减实质上是自组织过程的状态表现，而熵减又与熵增互为条件、相互依赖，新零售服务供应链质量失稳正是系统熵增与熵减交互作用的结果。

（2）行为演化及系统动力仿真。本书将综合新零售服务供应链质量稳态的微观和宏观模型，以服务行为为核心，针对不同层次的服务参与者主体行为模式，提炼基于主体行为的新零售服务供应链质量稳态演化的系统动力学模型。将以 HJ 零售企业为研究样本，对不同情境和环境扰动下服务参与者的行为交互及其绩效差异性进行仿真比较，研究复杂动态环境下新零售服务供应链质量稳态演化的动力机制。研究发现，新零售服务供应链质量系统是一个动态的组织管理活动与相对静态的社会人群实体的结合体，通过 FSS、NRSI 和 RSC 组成的线上线下与现代物流深度融合的服务有效供给，实现新零售服务供应链系统经济性和满足顾客的消费需求。在 RSSC 不同的边际利润影响下，FSS 和 RSI 两者服务质量改进行为的投入—产出效率预期很大程度上影响了各自的行为导向与效果，也同时影响着整体链条市场需求和收益的变化；新零售服务供应链参与成员间的合作中，参与成员 FSS 和 RSI 双方服务质量改进行为效率协调提升，是保证 RSSC 长期利润获取的前提条件；而且只有当零售服务集成商服务质量改进行为效率高于功能服务提供商服务质量行为效率时，才能更好地提升零售服务供应链的整体收益。

（3）改进路径与持续机制。通过微分博弈分析和系统动力仿真分析，对不同情境和环境扰动下新零售服务供应链质量稳态的协同演化过程和主要改进路径进行了探讨；通过调适相应参数，并利用关键控制点、风险控制等分析方法，提出不同均衡状态以及不同行为交互情境下新零售服务供应链质量稳态的可持续提升机制，实现对新零售服务供应链质量的有效控制及其持续发展。零售服务供应链的质量演化过程是一个稳态趋同的过程，在其协同演化中存在质量稳态分布，其中不同过程投入水平对质量状态的稳定水平有着显著的正向影响；且质量稳态在零售服务供应链协同演化中起到了至关重要的作用，其不仅是零售服务供应链协同的约束条件，还在整体优化中扮演了"搭桥"协同的角色，在"质量桥"搭好后，即服务质量达到某种稳态分布时，整个链条的运作效率和收益水平会呈现出"爆发式"增长的态势。

因此，基于上述结论，虽然验证了耗散结构中以顾客感知服务质量状态观测来评估预测服务供应链内部绩效的有效性，但仍然存在一些问题，需要在后续巩固和加强新零售服务供应链内部质量要素的战略体系构建，提升企业服务质量供给能力，因此，需要从以下四个方面搭建好新零售服务供应链系统内部的绩效耗散机制和系统外部的感知质量耗散机制的桥梁，即它们的"质量桥"，来推动整体链条的可持续发展。

第一，新零售服务供应链"质量桥"的整体设计。从前文论述中可知，"质量桥"的搭建对新零售服务供应链的可持续发展至关重要，因此设计什么样的"质量桥"，满足何种市场需求，成为了新零售服务供应链需要思考的关键问题。这就要求零售服务供应链核心企业从三个方面予以加强：①树立以服务质量为导向的新零售服务供应链经营理念，将服务质量作为衡量新零售服务供应链各参与主体服务能力的核心内容，建立基于服务质量稳态的新零售服务供应链协同合作决策框架。②结合自身发展的实际和经营规模，从消费者质量需求为出发点，制定服务质量主导的新零售服务供应链可持续发展战略，优化新零售服务供应链的系统构成，塑造服务新优势。③强化新零售服务供应链的质量治理机制，将服务质量作为衡量参与主体服务能力的基本标准，培育新零售服务供应链的质量文化，建立新零售服务供应链质量协同激励和退出机制，优胜劣汰，促进整体链条的持续发展。

第二，新零售服务供应链"质量桥"的资源配置。"质量桥"的形成是新零售服务供应链参与主体投入—产出调适匹配的结果，参与主体的资源准备与组织在很大程度上决定了"桥"本身质量和"搭桥"效率。因此新零售服务供应链应从以下几个方面予以加强：①加强质量资源投入，服务集成商应加大人、财、物、信息的投入，通过质量补贴、销售提成等多种方式激励各参与主体加大在服务质量上的资源投入，促进整体质量的有效提升。②优化资源配置，围绕消费者对服务质量的需求，协调好参与主体间的资源投入，改进整体链条的资源配置效率，提升参与主体间的质量协同与匹配；此外，还需进一步做好服务供应链的质量资源储备工作，在零售服务供应链中建立分级功能服务提供商制度，为链条的动态演化和持续发展奠定基础。

第三，新零售服务供应链"质量桥"的过程控制。过程实施和控制是"质量桥"搭建的关键环节。首先，应该建立新零售服务供应链服务质量标准体系和规范运行系统，进一步规范不同参与主体间的服务行为，有效传递服务质量。其次，新时期零售业的可持续发展离不开 IT 技术的应用，零售服务集成商应加大投入，开发和引入现代信息技术，及时、充分地掌握功能服务提供商、零售服务集成商和消费者之间的动态信息，协调好各参与主体间的服务投入及相关质量行为，建立充分的合作共赢的信任机制。

第四，新零售服务供应链"质量桥"的优化改进。精准化和精细化的零售服务供给是未来零售业发展的主要方向。因此，新零售服务供应链协同中一方面需要对当前和未来的市场质量需求进行"画像"设计与预测，正确引导服务认知与期望，动态调整服务质量标准，有效传递市场形象，挖掘顾客需求，提升顾客感知质量和满意度。另一方面需要高度关注质量稳态维持，通过不同参与主体内及之间的服务功能结构优化和服务流程行为创新，努力维护链条的质量稳态，避免过程中质量状态破坏行为，做好服务质量的风险防范，减少经营过程中的服务质量波动。

第二节　研究主要创新

（1）从复杂系统理论和演化博弈理论视角，将新零售服务供应链看作一个复杂系统，剖析新零售服务供应链的系统结构、协同机理和自组织演化机理。在对其线上线下两个阶段服务供应链的质量稳态分析的基础上，构建基于质量稳态新零售服务供应链的协同动态演化模型，试图通过定性与定量相结合的方法，从动态博弈的角度去研究新零售服务供应链的质量稳态演进机理这一科学问题，这也是与国内外已有成果的重要区别之处。

（2）"新零售"概念是近年来才提出来的一种新的商业形态，服务供应链也是近年来学者们较为关注的一个热点话题。本书融合新零售与服务供应链，以"新零售服务供应链"为研究对象，系统分析新零售服务供应链的系统结构及其质量稳态演化机制，对进一步深入理解这种新的商业形态和商业趋势有着重要意义。同样也是当前学界亟待加强的理论和现实命题。

（3）在高质量发展阶段背景下探讨新零售服务供应链的质量稳态演化过程，从理论和实证一体化层面，研究新零售服务供应链的系统结构、线上线下两阶段的质量稳态以及整体服务供应链质量稳态的演化机制，试图从新零售服务供应链内涵界定、系统结构、主要特征、协同机理、线上线下动态演进博弈模型等多方面探究质量稳态新零售服务供应链的协调优化机制这一综合科学问题，破解当前我国新零售业扩张高效、发展低质的两难困境。

第三节　未来研究展望

本书引入"质量熵"概念，采用 QFD、熵流模型、最大熵马尔科夫链模型等多种研究方法，分析质量熵的要素构成、评价体系及其在耗散结构中的表现形式和作用机制，明晰质量稳态在新零售服务供应链战略决策框架中的"新角色"，为下一阶段"质量稳态"的相关研究提供理论基础。虽然本书验证了耗散结构中以顾客感知服务质量状态观测来评估预测服务供应链内部绩效的有效性，但是由于受个人知识和研究时间所限，仍然存在一些问题需要在后续的实践应用中进一步讨论分析。此外，本书未来的研究方向要朝纵深发展的步伐迈进，来弥补各行业区域中的研究空白。以下几个方面为本书研究的不足之处和有待进一步研究的重点：

首先，新零售服务供应链内部系统中的各分支要素和环节是广泛而多变的，它主要以一个多维跨区域的各要素集中发展的开放系统存在。目前对新零售服务供应链区域间的开展取得了一定的阶段性成果，然而相关的多维性基础理论和自组织演化的理论文献参考数目还极其匮乏，想要从全貌的视角着手新零售服务供应链内部系统要素的构建和作用机制的变化还需进一步加强实践研究。此外，还需增加相关文献的研究，提升耗散视角下新零售服务供应链服务的质量"熵"系统的耗散结构和熵流机制理解，使得研究的深度进一步提高。

其次，在众多现实条件的局限下，包括内部系统自身易变性，研究者本身的有限能力和时间的不足，问卷的设计、数据的收集会存在一些不太严谨或不太精确的状况出现。特别是顾客感知服务质量的观测依然采用传统量表测量、加权平均的方式获得，这类方式对正确评价顾客感知实际状态的合理性和及时性存在一定的缺陷，既然其作为系统外部熵流，采用熵值和耗散结构理论对顾客感知服务质量进行评价和直接引入，对服务供应链绩效的评估与预测将更有说服力。

再次，新零售服务供应链系统的绩效涉及跨层异质多主体的评价，因此其构成内容是一个复杂系统，要想清晰测量存在困难，本书虽提出将其视为隐状态值，通过观测变量的状态，运用 HMM 模型进行评估与预测的方法，但其内容构成、影响因素以及跨层主体间的行为博弈都影响着绩效，因此需要对其内容构成以及基于行为博弈的动态演化机制进行研究。

最后，本书研究的案例和实证分析主要基于对湖南地区的新零售服务供应链企业进行的实地调研，或在不同领域的服务供应链是否存在不同的特征，对其他服务供应链是否具有一定的普适性，后续的调研过程逐步加大地域区间的研究。以上的不足之处还需要在以后的实践运用中加强科学性的研究，进一步规范研究视角，也是下一步值得继续探讨的方向。

参考文献

[1] 白长虹，廖伟．基于顾客感知价值的顾客满意研究 [J]．南开大学学报（哲学社会科学版），2001（6）：14-20.

[2] 白世贞，张琳．不对称信息下的物流服务供应链质量监督 [J]．商业研究，2010（10）：199-207.

[3] 陈菊红，黄鹏．基于 Fuzzy-ANP 的国际陆港竞争力评价 [J]．系统工程，2011，29（12）：88-95.

[4] 陈荣平．服务不稳定性的分类框架 [J]．经济管理，2004（4）：60-66.

[5] 陈瑞义，琚春华，盛昭瀚，江烨．基于零售商自有品牌供应链质量协同控制研究 [J]．中国管理科学，2015，23（8）：63-74.

[6] 戴君，谢莉，王强．第三方物流整合对物流服务质量、伙伴关系及企业运营绩效的影响研究 [J]．管理评论，2015，27（5）：188-197.

[7] 邓之宏，李金清，王香刚．中国 C2C 交易市场电子服务质量，顾客满意和顾客忠诚实证研究 [J]．科技管理研究，2013，33（6）：188-191.

[8] 邓之宏，郑伟亮，秦军昌．C2C 电子商务服务质量评价实证研究——基于中国 C2C 市场的问卷调查 [J]．图书情报工作，2012（14）：141-147.

[9] 丁俊发．以零售业为突破口的中国流通变革——关于"新零售"的几点看法 [J]．中国流通经济，2017，31（9）：3-7.

[10] 段飞．基于复杂系统理论的虚拟企业发展研究 [D]．太原：中北大学，2015.

[11] 范秀成．服务质量管理：交互过程与交互质量 [J]．南开管理评论，1999（1）：8-12.

[12] 顾力刚，于辉．基于供应链的质量管理模式研究 [J]．世界标准化与

质量管理，2007（4）：36-38.

[13] 桂云苗，龚本刚，程幼明．需求不确定下物流服务供应链协调［J］．计算机集成制造系统，2009，15（12）：2412-2416+2438.

[14] 郭伟刚．基于管理熵，管理耗散结构理论的企业激励机制研究［J］．企业经济，2009（2）：62-65.

[15] 何雪萍．全渠道零售企业服务质量测量量表研究［J］．上海管理科学，2016，38（6）：49-55.

[16] 贺红．基于服务补救的电商 O2O 模式服务质量提升研究［J］．商业经济研究，2017（18）：61-64.

[17] 洪江涛，黄沛．两级供应链上质量控制的动态协调机制研究［J］．管理工程学报，2011（4）：62-65.

[18] 洪涛．"新零售"与电商未来趋势［J］．商业经济研究，2017（8）：52-55.

[19] 侯振兴，间燕，袁勤俭．基于用户视角的数字档案馆知识服务能力评价研究［J］．现代情报，2015，35（3）：86-90.

[20] 胡海青，张琅，张道宏，等．基于支持向量机的供应链金融信用风险评估研究［J］．软科学，2011（5）：26-30.

[21] 塞洁，宋利利，周马玲．跨境电子商务下物流服务供应链的质量协调［J］．商业经济研究，2016（12）：73-75.

[22] 金立印．服务供应链管理、顾客满意与企业绩效［J］．中国管理科学，2006，14（2）：100-106.

[23] 李飞，贺曦鸣．零售业态演化理论研究回顾与展望［J］．技术经济，2015，34（11）：34-46.

[24] 李林，顾宝炎，施若．服务质量管理复杂性的研究［J］．经济问题探索，2008（9）：89-92.

[25] 李敏，孙琪．B2C 电子商务物流服务质量可拓评价［J］．商业经济研究，2017（3）：117-119.

[26] 李全亮，李怀祖．基于耗散结构理论的公司战略管理研究［J］．生产力研究，2004（12）：173-174.

[27] 李新明，廖貅武，陈刚．基于 ASP 模式的应用服务供应链协调分析［J］．系统工程理论与实践，2011，31（8）：1489-1496.

[28] 李燕．移动环境下基于情境感知的服务供应链个性化信息推荐研究

[J] . 现代管理科学, 2015 (12): 58-60.

[29] 林炳坤, 吕庆华, 杨敏. 多渠道零售商线上线下协同营销研究综述与展望 [J] . 重庆邮电大学学报 (社会科学版), 2017, 29 (4): 94-103.

[30] 刘伟华, 季建华. 物流服务供应链两级合作的质量监控与协调 [J] . 工业工程与管理, 2007 (3): 47-52.

[31] 鲁其辉. 基于成本共担策略的服务供应链协调研究 [J] . 控制与决策, 2011, 26 (11): 1649-1653.

[32] 马建华, 艾兴政, 唐小我. 多源不确定性因素下两阶段动态供应链的风险绩效 [J] . 系统工程理论实践, 2012 (6): 1222-1231.

[33] 马科. 基于管理熵和耗散结构理论的企业组织再造研究 [D] . 哈尔滨: 哈尔滨理工大学, 2005.

[34] 马志强, 陈敬贤, 施国洪, 等. 基于 ARIMA 模型的供应链突变风险测度 [J] . 预测, 2012, 31 (2): 50-56.

[35] 庞彪. 新零售下的"新物流" [J] . 中国物流与采购, 2018 (1): 40-41.

[36] 彭家敏. 服务交往中员工学习目标导向对企业外部效率的影响 [J] . 商业研究, 2016 (2): 125-132.

[37] 蒲国利, 苏秦, 戴宾. 基于容忍区域理论的我国零售业服务质量测量方法 [J] . 系统工程, 2012, 30 (9): 9-19.

[38] 齐严. 商业模式创新与"新零售"方向选择 [J] . 中国流通经济, 2017, 31 (10): 3-11.

[39] 钱丽萍, 刘益, 程超. 连锁超市服务质量感知模型研究 [J] . 当代经济科学, 2005 (3): 73-78, 111.

[40] 秦星红, 苏强, 洪志生, 等. 服务质量约束下网络商店与物流服务商协调模型 [J] . 同济大学学报 (自然科学版), 2014, 42 (9): 1444-1451.

[41] 屈耀辉, 曾五一. 公司治理演变之机理: 基于熵与耗散结构理论的诠释 [J] . 现代财经 (天津财经学院学报), 2004, 24 (7): 36-40.

[42] 申潇潇. 新零售时代下物流行业的发展路径研究 [J] . 现代商贸工业, 2017 (18): 21-22.

[43] 宋华, 丁苎苎, 陈金亮. 不同情境下的服务供应链运作模式——资源和环境共同驱动的 B2B 多案例研究 [J] . 管理世界, 2013, 29 (2): 156-168.

[44] 苏文. "互联网+"背景下我国零售业商业模式转型思考——基于百联

和阿里巴巴合作的案例分析［J］. 商业经济研究，2017（23）：31-33.

　　［45］唐朝永，牛冲槐. 科技型人才聚集系统组织化与劣质化机理研究［J］. 科技进步与对策，2016，33（3）：146-150.

　　［46］唐建生，邵建新. 消费者伦理感知对网络团购意愿的影响［J］. 财经问题研究，2015（12）：88-94.

　　［47］汪旭晖，张其林. 感知服务质量对多渠道零售商品牌权益的影响［J］. 财经问题研究，2015（4）：97-105.

　　［48］汪祖柱，胡兵. 电子商务网站服务质量的模糊语义评价研究［J］. 情报杂志，2010，29（3）：56+66-70.

　　［49］王宝义. 中国电子商务网络零售产业演进、竞争态势及发展趋势［J］. 中国流通经济，2017，31（4）：25-34.

　　［50］王娟娟. 基于区块链理念探索"一带一路"区域的新零售模式［J］. 湖湘论坛，2017，30（6）：91-97.

　　［51］王伟，黄莉，封学军. 基于耗散结构的区域物流系统科学发展机理研究［J］. 中国市场，2010（23）：9-12.

　　［52］王晓娟. 供给侧改革视角下的现代零售业转型升级［J］. 商业经济研究，2017（2）：21-22.

　　［53］王宗赐，韩伯棠，李新波. 基于熵理论的区域知识能力不均衡度研究——以京津冀地区为例［J］. 科技进步与对策，2010（2）：28-30.

　　［54］魏农建，左鹏，刘静波. 全球化，信息化条件下中国零售业发展环境分析与商业模式选择［J］. 上海大学学报（社会科学版），2012，29（5）：70-81.

　　［55］肖迪，潘可文. 基于收益共享契约的供应链质量控制与协调机制［J］. 中国管理科学，2012（4）：67-72.

　　［56］徐翼，苏秦，李钊. B2B下的客户服务与关系质量实证研究［J］. 管理科学，2007，20（2）：67-73.

　　［57］杨浩雄，孙丽君，孙红霞，刘淑芹. 服务合作双渠道供应链中的价格和服务策略［J］. 管理评论，2017，29（5）：183-191.

　　［58］杨树，杜少甫. 旅游供应链最优服务质量决策［J］. 管理科学学报，2009（6）：37-43.

　　［59］银成钺. 服务接触中的情绪感染对消费者感知服务质量的影响研究［J］. 软科学，2011，25（11）：128-131.

［60］张建军，赵启兰．基于"互联网+"的产品供应链与物流服务供应链联动发展的演化机理研究——从"去中间化"到"去中心化"［J］．商业经济与管理，2017（5）：5-15．

［61］张明宏，刘晓君．熵理论及其在项目管理决策中的应用研究［D］．西安：西安建筑科技大学，2004．

［62］张瑞雪，董大海，胡宁俊．顾客绑定策略集的创建及其实证检验［J］．南开管理评论，2009（2）：141-145．

［63］赵辉．零售业服务质量评价实证研究［J］．企业经济，2007（6）：92-94．

［64］赵树梅，徐晓红．"新零售"的含义、模式及发展路径［J］．中国流通经济，2017，31（5）：12-20．

［65］赵卫宏，熊小明．网络零售服务质量的测量与管理——基于中国情境［J］．管理评论，2015（12）：120-130．

［66］中国流通三十人论坛秘书处，本刊编辑部，林英泽，戈宇，包文斌．从阿里与百联"联姻"看"新零售"［J］．中国流通经济，2017，31（3）：124-128．

［67］周驷华，万国华．电子商务对制造企业供应链绩效的影响：基于信息整合视角的实证研究［J］．管理评论，2017，29（1）：199-210．

［68］Ahmadi H B, Kusi-Sarpong S, Rezaei J. Assessing the social sustainability of supply chains using Best Worst Method［J］. Resources, Conservation and Recycling, 2017（126）：99-106.

［69］Babakus E, Boller G W. An empirical assessment of the SERVQUAL scale［J］. Journal of Business Research, 1992, 24（3）：253-268.

［70］Badinelli R D. An optimal, dynamic policy for hotel yield management［J］. European Journal of Operational Research, 2000, 121（3）：476-503.

［71］Badinelli R, Barile S, Ng I, et al. Viable service systems and decision making in service management［J］. Journal of Service Management, 2012, 23（4）：498-526.

［72］Bai S H, Zhang L. Quality supervision in logistics service supply chain under asymmetric information based on game theory［C］. Proceedings of the 2010 Chinese Control and Decision Conference（CCDC）, 2010 Chinese. IEEE, 2010.

［73］Barnes S J, Vidgen R T. Web qual：An exploration of Web-site quality

[C]. Especial Criminal Investigative Servize, 2000: 298-305.

[74] Bateson G. Steps to an ecology of mind: Collected essays in anthropology, psychiatry, evolution, and epistemology [M]. Chicago: University of Chicago Press, 2000.

[75] Bauer H H, Falk T, Hammerschmidt M. eTransQual: A transaction process-based approach for capturing service quality in online shopping [J]. Journal of Business Research, 2006, 59 (7): 866-875.

[76] Binter C, Knobloch V, Manka R, et al. Bayesian multipoint velocity encoding for concurrent flow and turbulence mapping [J]. Magnetic Resonance in Medicine, 2013, 69 (5): 1337-1345.

[77] Bitner M J, Booms B H, Tetreault M S. The service encounter: Diagnosing favorable and unfavorable incidents [J]. Journal of Marketing, 1990, 54 (1): 71-84.

[78] Boulding W, Staelin R, Kalra A, Ziethaml V. A Dynamic process model of service quality: From expectations to behavioral intentions [J]. Journal of Marketing Research, 1993, 30 (1): 7-27.

[79] Brady M K, Cronin Jr J J. Some new thoughts on conceptualizing perceived service quality: A hierarchical approach [J]. Journal of Marketing, 2001, 65 (3): 34-49.

[80] Brown J. Bowen family systems theory and practice: Illustration and critique [J]. Australian and New Zealand Journal of Family Therapy, 1999, 20 (2): 94-103.

[81] Brown T J, Churchill Jr G A, Peter J P. Research note: Improving the measurement of service quality [J]. Journal of Retailing, 1993, 69 (1): 127.

[82] Cao Y, Lin L. Characteristic analysis of dissipative structure in logistics system and establishment of entropy differentiation model [C] //Proceedings of ICSSSM'05. 2005 International Conference on Services Systems and Services Management, 2005: 311-314.

[83] Chen C F, Chen F S. Experience quality, perceived value, satisfaction and behavioral intentions for heritage tourists [J]. Tourism Management, 2010, 31 (1): 29-35.

[84] Chen X, Wang X, Jiang X. The impact of power structure on the retail

service supply chain with an O2O mixed channel [J]. Journal of the Operational Research Society, 2016, 67 (2): 294-301.

[85] Cheng Y H. Evaluating web site service quality in public transport: Evidence from Taiwan high speed rail [J]. Transportation Research Part C: Emerging Technologies, 2011, 19 (6): 957-974.

[86] Christopher M. Logistics & supply chain management [M]. London: Pearson, 2016.

[87] Clark R, Anderson N B, Clark V R, et al. Racism as a stressor for African Americans: A biopsychosocial model [J]. American Psychologist, 1999, 54 (10): 805.

[88] Cook J S, Bree K D, Feroleto A. From raw materials to customers: Supply chain management in the service industry [J]. SAM Advanced Management Journal, 2001, 66 (4): 14-21.

[89] Cook L S, Heiser D R, Sengupta K. The moderating effect of supply chain role on the relationship between supply chain practices and performance: An empirical analysis [J]. International Journal of Physical Distribution & Logistics Management, 2011, 41 (2): 104-134.

[90] Cronin Jr J J, Taylor S A. SERVPERF versus SERVQUAL: Reconciling performance-based and perceptions-minus-expectations measurement of service quality [J]. The Journal of Marketing, 1994 (1): 125-131.

[91] Czepiel J A. Service encounters and service relationships: Implications for research [J]. Journal of Business Research, 1990, 20 (1): 13-21.

[92] Dabholkar P A, Thorpe D I, Rentz J O. A measure of service quality for retail stores: Scale development and validation [J]. Journal of the Academy of Marketing Science, 1995, 24 (1): 3-16.

[93] De Chernatony L. Creating powerful brands [M]. London: Routledge, 2010.

[94] Deb M, Lomo-David E. Evaluation of retail service quality using analytic hierarchy process [J]. International Journal of Retail & Distribution Management, 2014, 42 (6): 521-541.

[95] DeLone W H, McLean E R. The DeLone and McLean model of information systems success: A ten-year update [J]. Journal of Management Information Systems,

2003, 19 (4): 9-30.

[96] Demirkan H, Cheng H K. The risk and information sharing of application service supply [J]. European Journal of Operation Research, 2008 (187): 756 - 784.

[97] Dickerson B C, Salat D H, Greve D N, et al. Increased hippocampal activation in mild cognitive impairment compared to normal aging and AD [J]. Neurology, 2005, 65 (3): 404-411.

[98] Edvardsson B, Tronvoll B, Gruber T. Expanding understanding of service exchange and value co-creation: A social construction approach [J]. Journal of the Academy of Marketing Science, 2011, 39 (2): 327-339.

[99] Edward Cz Anderson Jr, Douglas J, Morrice. A simulation game for teaching service oriented supply chain management: Does information sharing help managers with service capacity decisions? [J]. Production and Operation Managing, 2000, 9 (1): 40-55.

[100] Eylon B S, Linn M C. Learning and instruction: An examination of four research perspectives in science education [J]. Review of Educational Research, 1988, 58 (3): 251-301.

[101] Faems D, Van Looy B, Debackere K. Interorganizational collaboration and innovation: Toward a portfolio approach [J]. Journal of Product Innovation Management, 2005, 22 (3): 238-250.

[102] Ferreira F A F, Santos S P, Rodrigues P M M, Spahr R W. Evaluating retail banking service quality and convenience with MCDA techniques: A case study at the bank branch level [J]. Journal of Business Economics & Management, 2014, 15 (1): 1-21.

[103] Gaur S S, Agrawal R. Service quality measurement in retail store context: A review of advances made using SERVQUAL and RSQS [J]. The Marketing Review, 2006, 6 (4): 317-330.

[104] Gronroos C. Relationship approach to marketing in service contexts: The marketing and organizational behavior interface [J]. Journal of Business Research, 1990, 20 (1): 3-11.

[105] Grönroos C. A service quality model and its marketing implications [J]. European Journal of Marketing, 1984, 18 (4): 36-44.

［106］Grönroos C. Relationship approach to marketing in service contexts: The marketing and organizational behavior interface ［J］. Journal of Business Research, 1990, 20 (1): 3-11.

［107］Guo Yanli, Chen Jianbin. Coordination mechanism of SaaS service supply chain: Based on compensation contracts ［J］. Journal of Industrial Engineering and Management, 2013, 6 (4): 1174-1187.

［108］Hamer L O, Shaw-Ching Liu B, Sudharshan D. The effects of intra-encounter changes in expectations on perceived service quality model ［J］. Journal of Service Research, 1999, 1 (2): 275-289.

［109］Harvey J. Service quality: A tutorial ［J］. Journal of Operations Management, 1998, 16 (5): 583-597.

［110］He Jiang, Wei Xiong, Yonghui Cao. Risk of the maritime supply chain system based on interpretative structural model ［J］. Polish Maritime Research, 2017, 24 (s1): 28-33.

［111］Herhausen D, Binder J, Schoegel M, Herrmann A. Integrating bricks with clicks: Retailer-level and channel-level outcomes of online-offline channel integration ［J］. Journal of Retailing, 2015, 91 (2): 309-325.

［112］Heskett J L, Schlesinger L A. Putting the service-profit chain to work ［J］. Harvard Business Review, 1994, 72 (2): 164-174.

［113］Hoffman K D, Bateson J E G. Services marketing: Concepts, strategies, & cases ［M］. Stanford: Cengage Learning, 2016.

［114］Hossain E, Niyato D, Han Z. Dynamic spectrum access and management in cognitive radio networks ［M］. Cambridge: Cambridge University Press, 2009.

［115］Hossain M A, Dwivedi Y K, Naseem S B. Developing and validating a hierarchical model of service quality of retail banks ［J］. Total Quality Management & Business Excellence, 2015, 26 (5-6): 534-549.

［116］Irene Ng, Glenn Parry, Laura Smith, et al. Transitioning from a goods-dominant to a service-dominant logic: Visualizing the value proposition of Rolls-Royce ［J］. Journal of Service Management, 2012, 23 (3): 416-439.

［117］Kalia S S, Adelman K, Bale S J, et al. Recommendations for reporting of secondary findings in clinical exome and genome sequencing, 2016 update (ACMG SF v2.0): A policy statement of the american college of medical genetics and genomics

[J]. Genetics in Medicine, 2017, 19 (2): 249-255.

[118] King N J, Eleonora G, Ollendick T H. Etiology of childhood phobias: Current status of rachman's three pathways theory [J]. Behaviour Research and Therapy, 1998, 36 (3): 297-309.

[119] Kozel R, Hawrysz L, Vilamová, et al. Mystery e-mail/website customer service. A case study of retail companies [Z]. 2017.

[120] Kramann R, Goettsch C, Wongboonsin J, et al. Adventitial MSC-like cells are progenitors of vascular smooth muscle cells and drive vascular calcification in chronic kidney disease [J]. Cell Stem Cell, 2016, 19 (5): 628-642.

[121] Le Ru E C, Blackie E, Meyer M, et al. Surface enhanced raman scattering enhancement factors: A comprehensive study [J]. The Journal of Physical Chemistry, 2007, 111 (37): 13794-13803.

[122] Lehtinen U, Lehtinen J R. Two approaches to service quality dimensions [J]. Service Industries Journal, 1991, 11 (3): 287-303.

[123] Lisa M, Ellram, Wendy L T, Corey R. Understanding and managing the service supply chain [J]. Journal of Supply Chain Management, 2004, 40 (4): 17-32.

[124] Liu W H, Xie D, Xu X C. Quality supervision and coordination of logistic service supply chain under multi-period conditions [J]. International Journal of Production Economics, 2013, 142 (2): 353-361.

[125] Marcel A Sieke, Ralf W Seifert, Ulrich W Thonemann. Designing service level contracts for supply chain coordination [J]. Production and Operations Management, 2012, 21 (4): 697-714.

[126] Mittal S, Gera R. Relationship between service quality dimensions and behavioural intentions: An SEM study of public sector retail banking customers in India [J]. Journal of Services Research, 2013, 12 (2): 147-171.

[127] Murray K B, Schlacter J L. The impact of services versus goods on consumers' assessment of perceived risk and variability [J]. Journal of the Academy of Marketing Science, 1990, 18 (1): 51-65.

[128] Nadkarni D. Service quality in organised retail stores [J]. Prestige International Journal of Management & IT-Sanchayan, 2015, 4 (1): 11.

[129] Nadkarni P M, Miller R A. Service-oriented architecture in medical software: Promises and perils [J]. Journal of the American Medical Informatics Associa-

tion, 2007, 14 (2): 244-246.

[130] Nitin S, Deshmukh S G, Vrat P. A conceptual model for quality of service in the supply chain [J]. International Journal of Physical Distribution & Logistics Management, 2006, 36 (7): 547-575.

[131] Norman D A. User centered system design: New perspectives on human-computer interaction [M]. Leiden: CRC Press, 1986.

[132] Oliva R, Bean M. Developing operational understanding of service quality through a simulation environment [J]. International Journal of Service Industry Management, 2008, 19 (2): 160-175.

[133] Parasuraman A, Berry L L, Zeithaml V A. Perceived service quality as a customer-based performance measure: An empirical examination of organizational barriers using an extended service quality model [J]. Human Resource Management, 1991, 30 (3): 335-364.

[134] Parasuraman A, Zeithaml V A, Malhotra A. ES-QUAL a multiple-item scale for assessing electronic service quality [J]. Journal of Service Research, 2005, 7 (3): 213-233.

[135] Parasuraman R, Galster S, Squire P, et al. A flexible delegation-type interface enhances system performance in human supervision of multiple robots: Empirical studies with robo flag [J]. IEEE Transactions on Systems, Man, and Cybernetics-part A: Systems and Humans, 2005, 35 (4): 481-493.

[136] Prigogine I, Stengers I. The end of certainty [M]. New York: Simon and Schuster, 1997.

[137] Resnick D S, Foster D C, Woodall D T. Exploring the UK high street retail experience: Is the service encounter still valued? [J]. International Journal of Retail & Distribution Management, 2014, 42 (9): 1-30.

[138] Reyniers D, Tapiero C. The delivery and control of quality in supplier producer contracts [J]. Management Science, 1995, 41 (1): 1581-1589.

[139] Richard Metters, Kathryn King-metters, Madeleine Pullman. 服务运营管理 [M]. 金马, 译. 北京: 清华大学出版社, 2004.

[140] Rusch D W, Gerard J C, Solomon S, et al. The effect of particle precipitation events on the neutral and ion chemistry of the middle atmosphere-I. Odd nitrogen [J]. Planetary and Space Science, 1981, 29 (7): 767-774.

[141] Rust R T, Zahorik A J, Keiningham T L. Return on quality (ROQ): Making service quality financially accountable [J]. The Journal of Marketing, 1995 (2): 58-70.

[142] Sreedevi R, Haritha Saranga. Uncertainty and supply chain risk: The moderating role of supply chain flexibility in risk mitigation [J]. International Journal of Production Economics, 2017 (193): 332-334.

[143] Sawyer P, Hutchinson J, Walkerdine J, et al. Faceted service specification [C]. Workshop on Service - Oriented Computing Requirements (SOCCER), 2005: 61-63.

[144] Schneider D M. Schneider on Schneider [M]. North Carolina: Duke University Press, 1995.

[145] Scott E, Sampson A. Customer-supplier duality and bidirectional supply chains in service organizations [J]. International Journal of Service Industry Management, 2000, 11 (4): 348-364.

[146] Shah P, Loiacono E T, Ren H. Video Blogs: A Qualitative and Quantitative Inquiry of Recall and Willingness to Share [C] //International Conference on Social Computing and Social Media. Springer, Cham, 2017: 234-243.

[147] Shah S D, Cocker D R, Miller J W, et al. Emission rates of particulate matter and elemental and organic carbon from in-use diesel engines [J]. Environmental Science & Technology, 2004, 38 (9): 2544-2550.

[148] Shah A, Zeis C, Regassa H, Ahmadian A. Expected service quality as perceived by potential customers of an educational institution [J]. Journal of Marketing for Higher Education, 2000, 9 (3): 49-72.

[149] Shostack G L. Breaking free from product marketing [J]. Journal of Marketing, 1977, 41 (2): 73-80.

[150] Sivadasan S, Efstathiou J, Frizelle G, et al. An information - theoretic methodology for measuring the operational complexity of supplier - customer systems [J]. International Journal of Operations & Production Management, 2002, 22 (1): 80-102.

[151] Sivapalan A, Jebarajakirthy C. An application of retailing service quality practices influencing customer loyalty toward retailers [J]. Marketing Intelligence & Planning, 2017, 35 (7): 842-857.

［152］ Spohrer J, Maglio P P, Bailey J, et al. Steps toward a science of service systems ［J］. Computer, 2007, 40 （1）: 71-77.

［153］ Spohrer J, Maglio P P. The Emergence of service science: Toward systematic service innovations to accelerate co-creation of value ［J］. Production and Operations Management, 2008, 17 （3）: 238-246.

［154］ Srivastava M, Bhadra S, Goli S, et al. Customer service quality at retail stores in hyderabad airport ［J］. Indian Journal of Commerce and Management Studies, 2015, 6 （3）: 43-52.

［155］ Sterman J, Oliva R, Linderman K W, et al. System dynamics perspectives and modeling opportunities for research in operations management ［J］. Journal of Operations Management, 2015 （39）: 40.

［156］ Surprenant A, Rassendren F, Kawashima E, et al. The cytolytic P2Z receptor for extracellular ATP identified as a P2X receptor （P2X7） ［J］. Science, 1996, 272 （5262）: 735-738.

［157］ Svensson J. Eight questions about corruption ［J］. Journal of Economic Perspectives, 2005, 19 （3）: 19-42.

［158］ Svensson L G, Adams D H, Bonow R O, et al. Aortic valve and ascending aorta guidelines for management and quality measures ［J］. The Annals of Thoracic Surgery, 2013, 95 （6）: 1-66.

［159］ Thenmozhi S P, Dhanapal D. Retail service quality-a customer perception analysis ［J］. Global Management Review, 2010, 4 （2）: 27-36.

［160］ Thorpe S, Fize D, Marlot C. Speed of processing in the human visual system ［J］. Nature, 1996, 381 （6582）: 520-522.

［161］ Tien J M. Manufacturing and services: From mass production to mass customization ［J］. Journal of Systems Science and Systems Engineering, 2011, 20 （2）: 129-154.

［162］ Waldman D A, Lituchy T, Gopalakrishnan M, et al. A qualitative analysis of leadership and quality improvement ［J］. The Leadership Quarterly, 1998, 9 （2）: 177-201.

［163］ Wang K J, Chang T C., Chen K S. Determining critical service quality from the view of performance influence ［J］. Total Quality Management & Business Excellence, 2015, 26 （3/4）: 368-384.

［164］Wilkinson S. Client handling models for continuity of service ［J］. The Management of Complex Projects: A Relationship Approach, 2006 (1): 147–163.

［165］Wolfinbarger M, Gilly M C. eTailQ: Dimensionalizing, measuring and predicting etail quality ［J］. Journal of Retailing, 2003, 79 (3): 183–198.

［166］Wu M, Neilson A, Swift A L, et al. Multiparameter metabolic analysis reveals a close link between attenuated mitochondrial bioenergetic function and enhanced glycolysis dependency in human tumor cells ［J］. American Journal of Physiology–Cell Physiology, 2007, 292 (1): 125–136.

［167］Yang D, Xiao T. Coordination of a supply chain with loss–averse consumers in service quality ［J］. International Journal of Production Research, 2016, 55 (12): 3411–3430.

［168］Zeithaml V A, Parasuraman A. Service quality delivery through web sites: A critical review of extant knowledge ［J］. Journal of the Academy of Marketing Science, 2002, 30 (4): 362–375.

［169］Zhang M, Huang L, He Z, Wang A G. E–service quality perceptions: An empirical analysis of the Chinese e–retailing industry ［J］. Total Quality Management & Business Excellence, 2015, 26 (11/12): 1357–1372.

［170］Zuo F, Panda P, Kotiuga M, et al. Habituation based synaptic plasticity and organismic learning in a quantum perovskite ［J］. Nature Communications, 2017, 8 (1): 1–7.